NÃO ESPERE PELO PRÍNCIPE ENCANTADO

CIP-BRASIL. CATALOGAÇÃO NA FONTE
SINDICATO NACIONAL DOS EDITORES DE LIVROS, RJ

S134n

Safier, Rachel, 1969-
  Não espere pelo príncipe encantado : porque namorar é melhor do que casar com qualquer um / Rachel Safier ; tradução Marcos Malvezzi Leal. - Campinas, SP : Verus, 2010.

  Tradução de: Mr. Right Now : when dating is better than saying "I do"
  ISBN 978-85-7686-083-9

  1. Mulheres solteiras - Psicologia. 2. Casamento. 3. Relação homem-mulher. 4. Amor - Aspectos psicológicos. I. Título.

10-3135
CDD: 306.736
CDU: 176.6

RACHEL SAFIER

NÃO ESPERE PELO PRÍNCIPE ENCANTADO

Porque namorar é melhor do que casar com qualquer um

Tradução
Marcos Malvezzi Leal

TÍTULO ORIGINAL
Mr. Right Now
When Dating Is Better than Saying "I Do"

EDITORA
Raïssa Castro

COORDENADORA EDITORIAL
Ana Paula Gomes

COPIDESQUE
Maria de Fátima Alcântara M. Papa

CAPA & PROJETO GRÁFICO
André S. Tavares da Silva

DIAGRAMAÇÃO
DPG Editora

ILUSTRAÇÃO DA CAPA (MULHER)
© Yoshi Aka (SXC)

Originalmente publicado em inglês por Jossey-Bass
Copyright © Rachel Safier, 2004

Tradução © Verus Editora, 2010
Sob licença de John Wiley & Sons, Inc.

Todos os direitos reservados, no Brasil, por Verus Editora.
Nenhuma parte desta obra pode ser reproduzida ou transmitida por qualquer forma
e/ou quaisquer meios (eletrônico ou mecânico, incluindo fotocópia e gravação) ou
arquivada em qualquer sistema ou banco de dados sem permissão escrita da editora.

VERUS EDITORA LTDA.
Rua Benedicto Aristides Ribeiro, 55
Jd. Santa Genebra II - 13084-753
Campinas/SP - Brasil
Fone/Fax: (19) 3249-0001
verus@veruseditora.com.br
www.veruseditora.com.br

Para o meu pai

AGRADECIMENTOS

Meus mais sinceros agradecimentos a Alan Rinzler e Catherine Craddock, da editora Jossey-Bass; a Stacey Glick, da Agência Literária Dystel-Goderich; a David Blasband; aos terapeutas Jennie Ackerman, Marci Drimer, Ruth Greer, Leigh Heerema, Eric Levin, Michael Lunter, Deborah Shelkrot Permut, Sonya Rencevicz, Lisa Slade-Martin e Miriam Stern; aos meus amigos modelos Michael Blake, Brett Heimov e Dan Singer; às mulheres que compartilharam suas histórias comigo; e, claro, aos príncipes.

SUMÁRIO

Introdução 9

1 Você pode esperar 23
2 Não espere pelo príncipe encantado 36
3 A Paixão Adolescente 45
4 O Primeiro Namorado 57
5 O Primeiro Amor 69
6 O Melhor Amigo 79
7 O Mais Novo 90
8 O Engraçado 100
9 O Crânio 110
10 O Proibido 120
11 O Rico 131
12 O Machão 141
13 O Perigoso 151
14 O príncipe do Sexo 162
15 O príncipe Rompimento Perfeito 175
16 O Quase Príncipe 185

Epílogo 193

INTRODUÇÃO

Você sempre achou que ia se casar. Mas, ao ler os jornais, assistir aos noticiários e *reality shows* e falar ao telefone com sua mãe, fica muito preocupada por ainda não ter entrado na igreja de véu e grinalda. As seções de autoajuda na livraria que você frequenta estão abarrotadas com títulos alarmistas, do tipo *Não leve mais o fora* e *Os homens preferem as loiras, mas se casam com as morenas*. Vozes de todos os lados lhe dizem para se apressar, mas sem parecer desesperada. Você chegou a um ponto em que acha que não está sendo suficientemente proativa. Talvez sinta que está na hora de ir mais fundo e comprar o livro *Encontre um marido depois dos 35 anos usando o que aprendi na Faculdade de Administração de Harvard: um programa de ação simples em quinze passos*, e seguir o plano da autora para encontrar sua cara-metade. (É um plano que uma revista chamou de "demorado, oneroso e às vezes quase humilhante",[1] mas isso não a desanima.) Uma voz baixinha dentro de você está provocando: "Talvez você tenha perdido sua chance".

Em termos mais amenos, você está ansiosa.

---
[1] *Publishers Weekly*, 25 de agosto de 2003.

A PRESSÃO PARA CASAR

Tudo bem, você tem seu diploma de faculdade, talvez até pós-graduação e uma carreira satisfatória. Mas tudo o que conquistou não vale nada sem um homem, segundo Wendy L. Walsh, que conta sua triste existência sem um homem em *The Boyfriend Test: How to Evaluate His Potential Before You Lose Your Heart*:

> Minha dor era profunda, embora eu não visse isso externamente. Eu era repórter e apresentadora do *Extra*, programa de variedades de âmbito nacional. Estava fundando minha empresa de produções televisivas. Ajudava uma instituição de caridade. Era presidente de um grupo de investimentos para mulheres, e estava comprando e reformando minha primeira casa... Mas essa agenda atribulada era apenas uma máscara, uma forma de me ocupar, para não dar vazão às lágrimas.[2]

Antigamente, parecia tão fácil! Mamãe se casou com papai muito antes de completar 30 anos, e todas as irmãs dela também se casaram ainda jovens. Adiante algumas décadas, e aí está você, se perguntando: "Se sou tão maravilhosa, por que ainda estou solteira?" E lá está sua pergunta, na prateleira de uma livraria, na forma de título de um livro de autoajuda de Susan Page, *If I'm So Wonderful, Why Am I Still Single?*, com o subtítulo *Ten Strategies that Will Change your Life Forever* – um dentre os inúmeros livros cujo público-alvo são mulheres solteiras e à procura de um homem (leia-se "desesperadas").

Parecia mais fácil no passado, em parte porque formar casais era o interesse da sociedade, segundo a historiadora social Barbara Dafoe Whitehead, em *Por que não sobraram homens bons*.

---

[2] W. L. Walsh, *The Boyfriend Test: How to Evaluate His Potential Before You Lose Your Heart*. Nova York: Three Rivers Press, 2001, p. 247.

Hoje, dá-se mais ênfase na pessoa individual. Enquanto antes a faculdade, para as mulheres, era tão importante para arrumar um marido quanto para se formar, hoje – diz a autora – seu objetivo exclusivo é prepará-las para a independência financeira. Mas as mulheres estão prontas para a tarefa. Segundo Whitehead, estamos arregaçando as mangas e "assumindo uma abordagem focada, organizada e profissional na busca pelo amor".[3]

A abordagem decisiva, porém passiva, de Whitehead para encontrarmos o parceiro ideal pode parecer prática, mas por que um relacionamento precisa ser tão parecido com o controle de uma crise? Minha resposta: não precisa!

DO ROMPIMENTO AOS BONS MOMENTOS

O sucesso de meu primeiro livro, *There Goes the Bride*, me transformou na especialista em separações amorosas, de Nova York a Londres. Os homens que eu conheço hoje em dia me fazem duas perguntas: Eu acredito no amor? E eles correm o risco de ser citados em um de meus livros? (Sim e sim. Mas não se preocupem – todos recebem pseudônimos.)

Eu acredito no amor, sim, embora entenda por que o rótulo de "especialista em separações" desperte a imagem de uma mulher rindo maldosamente cada vez que ouve falar de outra separação, seja entre amigos ou de algum casal de Hollywood.

Acredito no amor, mas aqui estou, "sozinha" e feliz. Tenho 33 anos, e "não estou ficando mais nova". Corro o terrível risco de morrer sozinha, como me disse uma conservadora especialista em casamentos. Como posso ser tão relapsa, então, nesse sentido?

Proponho uma aposta. Aposto que minhas chances de me casar nos próximos cinco anos e de ter um relacionamento profun-

---

[3] B. D. Whitehead, *Why There Are No Good Men Left: The Romantic Plight of the New Single Woman*. Nova York: Broadway Books, 2003, p. 14 (ed. bras.: *Por que não sobraram homens bons*. São Paulo: Planeta, 2003).

do, duradouro, com aquele homem ainda desconhecido, são tão boas ou melhores do que as suas, se você é uma dentre os milhões de mulheres que vasculham desesperadamente as prateleiras de autoajuda nas livrarias. E não tenho a menor dúvida de que estou curtindo a vida ainda mais. Você anda fazendo anotações nas margens de *As 35 regras para conquistar o homem perfeito*, enquanto eu vivo a vida. Você acompanha avidamente notícias assustadoras para justificar seus sentimentos quanto a não ser casada. Procura "especialistas" para acabar com a ansiedade e lhe explicar o que fazer para se casar.

Estou aqui para lhe dizer que respire fundo.

Afaste-se da pilha de autoajuda.

Desligue a televisão.

Diga à sua mãe que você ligará mais tarde.

O modo de acabar com a ansiedade é recusar-se a se entregar à obsessão.

Não há pressa. Você pode esperar. Deve esperar. E todos os seus relacionamentos até agora foram exatamente o oposto de uma perda de tempo. Todos os relacionamentos melhoram a vida, desenvolvem os sentidos, ajudam-na a perceber o que e quem você quer na vida. Cada relacionamento é uma experiência importante, mesmo quando o homem não se ajoelha implorando que você fique com ele para sempre.

Este livro lhe mostrará como se transformar de ansiosa em tranquila, de nervosa em calma, e lhe dará as boas-vindas a uma irmandade de mulheres que gostam de homens, de namorar e de ter aventuras brilhantes. O que o livro *não faz* é lhe dar dicas de como conhecer um homem. Não reúne um grupo de amigas para elogiar seu anel de noivado, como se o casamento fosse uma conquista. Não corrobora sua ansiedade por ser solteira. Não estou aqui para lhe dizer o que fazer para se casar. O casamento é uma coisa maravilhosa, e, se é realmente o que você quer, desejo que consiga. Tenho certeza de que conseguirá – na hora certa e sem desconsiderar a incrível aventura que é sua vida, com ou sem um homem. Você não é um fracasso e não está ficando para trás. Você está indo muito bem.

ALGUM DIA, MAS NÃO HOJE

O casamento é uma coisa maravilhosa
Para macacos e vira-latas.
Mas conheci uma mulher
Que casou porque o homem não podia correr.

Meu pai escreveu esse poema no 25º aniversário de casamento de seus pais. Mas, apesar da piada, ele sempre dizia a quem quisesse ouvir que minha mãe foi a melhor coisa que lhe havia acontecido na vida. Mesmo quando criança, eu sabia que o casamento não resolvia os problemas de ninguém – mas era uma bênção mesmo assim.

Minha colega de quarto na faculdade conheceu o marido no último ano do curso, na Universidade da Pensilvânia. Eles ficavam juntos o tempo todo e, após a formatura, continuaram na Filadélfia. Casaram-se quando tinham 24 anos, e formam um dos casais mais felizes que já conheci. Usei um vestido cor de pêssego quando fui dama de honra dela, com o cabelo cheio de *spray*, duro como um capacete. Na ocasião, e muitas vezes depois, me peguei pensando: "Como teria sido minha vida se eu tivesse conhecido O Homem Certo aos 21 anos? Será que o mundo pareceria mais seguro se eu tivesse alguém ao meu lado?"

Em contraste com minha colega de quarto e seu parceiro até hoje, minha tia favorita se casou aos 18 anos e se divorciou pouco depois. Pelo resto de sua vida, ela namorou – pelo menos aos meus olhos – uma infinidade de homens deslumbrantes, incluindo um massagista que era capaz de se contorcer como um iogue e um ilustrador de histórias em quadrinhos que inspirava nela um glorioso e delicioso riso. O fato de ela não se casar de novo era visto como uma tragédia na casa de meus pais, mas, para mim, minha tia era o máximo. Ela morava sozinha (sozinha!) e ganhava seu dinheiro. Teve amantes (amantes!) e um pequeno Toyota que batizou de Silver.

Vejo-me no meio de um *continuum* entre minha colega de quarto e minha tia. Tenho 33 anos e um dia vou me casar. Um dia.

(Certa vez, minha melhor amiga me arrastou juntamente com meu namorado a uma cartomante, que disse que eu me casaria com um homem "rico e poderoso em Nova York". Apontei para meu namorado, um ótimo sujeito que não era nem rico nem poderoso. "Este é meu namorado. Ele mora aqui em Washington, D.C." Ela deu de ombros, e o véu escorregou da cabeça até os cotovelos. "Você está se mudando para Nova York?", perguntou a ele. Quando questionei outra previsão dela, a mulher me perguntou, num tom que parecia mais de uma mãe judia do que de uma médium: "Você vai decidir tudo em sua vida com base no que uma cartomante fala?")

PRÍNCIPE OU PRÍNCIPES

Depois do rompimento de meu noivado, tenho pensado muito em quando vou me casar, por que e com quem. Barbara Ehrenreich, uma mulher que fala o que pensa, descreve o marido ideal de hoje:

> Ele tem de ser um coprovedor e um parceiro financeiro confiável; um sujeito que gosta de conversar e um interessante companheiro de jantar, que assiste ao noticiário. Se o casal tiver filhos, espera-se que ele seja um pai presente, com um repertório de histórias para dormir e remédios para nariz escorrendo. Tem de estar preparado para suar e ser um bom parceiro na academia de ginástica, além de saber consertar coisas na casa; um marido que não sabe onde está a caixa de fusíveis é tão útil quanto aquelas ferramentas de plásti-

co que vêm com alguns brinquedos e não servem para nada. E, como somos mulheres modernas, temos o direito de achar que ele será um amante imaginativo e incansável, nos suprindo com tantos orgasmos quanto quisermos.[4]

É um pouco demais, não é? Mas eu quero tudo isso. Claro que sei que ninguém pode ser tudo; por isso, acredito que o jeito de conseguir é experimentar um homem por vez, aproveitar cada experiência. Creio que o modo de descobrir com quem quero me assentar é fazendo pesquisa de campo, experimentando e verificando os tipos diferentes, pois cada um pode ter muito a oferecer, mas todos são diferentes. Um homem pode ser muito inteligente ou ter boa formação. Pode ser charmoso e bonito. Pode ter um maravilhoso senso de humor ou querer me acompanhar em fantásticas aventuras, ou agradar meu lado rebelde, artístico, ou "simplesmente" ser ótimo na cama. Portanto, quando encontrar um homem com quem eu queira viver, poderei considerar a importância de cada detalhe, a importância das conversas interessantes, mais do que dos dons atléticos. Mais importante ainda: não ficarei imaginando o que perdi, pois terei tudo.

À medida que vou me conhecendo melhor, compreendo, cada vez com mais clareza, que a jornada é tão enriquecedora e valorosa quanto o destino. Quando tinha 20 e poucos anos e morava havia pouco tempo em Washington, rompi com meu namorado, que tinha se mudado para a cidade por minha causa. Verdadeiro turbilhão de emoções que sou (raiva, alívio e medo, entre outras coisas), peguei o lindo tabuleiro de xadrez que ele tinha me dado e joguei-o, sem pensar duas vezes, na lata de lixo. Oito anos depois, pouco antes de sair da casa em que vivia com meu noivo, despejei o conteúdo de meu porta-joias em nossa cama. Queria

---

[4] B. Ehrenreich, "Why It Might Be Worth It (to Have an Affair)", in D. Chasman e C. Jhee (orgs.), *Here Lies My Heart: Essays on Why We Marry, Why We Don't, and What We Find There*. Boston: Beacon Press, 1999, p. 60.

uma separação "justa" e desentulhada, mas, após a dor do rompimento, comecei a sentir falta de um certo colar. Era um X de prata, minúsculo e grosso, que representava um beijo. Não era o fato de ele ter me dado o colar, mas fazia falta o modo como aquela beleza de pingente se assentava no meu pescoço.

Hoje não sinto falta nem de um nem de outro desses dois homens, embora tenha boas lembranças deles, de como nos divertíamos e das lições que aprendi ao namorá-los – lições sobre a vida e sobre mim mesma. Não os odeio de modo algum, e não renego as experiências.

Mas ainda não sei jogar xadrez e, sem nada no pescoço, ainda sinto falta do colar. E me pergunto: por que me livrei das joias? Foi um ato mais ou menos simbólico para mim. Por que deveria desconsiderar o que aqueles homens, e outros, acrescentaram à minha vida?

O QUE AS MULHERES QUEREM?

Em *There Goes the Bride*, incentivo as mulheres a se afastar do casamento errado. Na verdade, as estatísticas mostram que centenas de milhares de mulheres rompem o noivado anualmente. E, após terem compreendido o motivo pelo qual quase fizeram uma escolha errada e começarem a se recuperar do inevitável choque e sofrimento, a pergunta passa a ser: "E agora?"

O volume incrível de atividade na sala de bate-papo do meu *site* (theregoesthebride.com) e a grande atenção que meu primeiro livro ainda recebe da mídia mostram que as mulheres hoje estão preparadas para refletir sobre o casamento com mais afinco do que nunca. Centenas de mulheres me escrevem para agradecer por ter passado esta mensagem ao público: Não se conquista nada só porque se encontrou um homem. Você conquista algo, sim, quando experimenta a vida e ama a si mesma.

Uma divorciada de meia-idade, natural de Toronto, me escreveu: "Li seu artigo hoje no *National Post* sobre seu livro que trata dos quase-casamentos. Fico tão orgulhosa de você por ter feito isso que espero que minha filha tenha força suficiente para lidar com todas as emoções se algum dia ela se vir na mesma situação".

Ao mesmo tempo, recebi esta carta pelo *site*:

> Querida Quase Noiva:
> Vivo sonhando que meu namorado fará alguma coisa errada só para eu ter um motivo para romper com ele. Não tenho motivo para isso. Ele é simplesmente maravilhoso, temos os mesmos interesses, nossas famílias se amam, somos muito compatíveis. Às vezes, sinto que devo ter algum problema por ter dúvidas quanto ao nosso relacionamento, pois tecnicamente ele é perfeito.
> Também vivo pensando cada vez mais em colocar todas as minhas coisas nas malas, voltar para a casa dos meus pais e começar uma vida nova. Penso em quem devo avisar sobre o endereço novo e como vou montar meu quarto. Todos esses sinais parecem indicar a direção de um rompimento, mas não consigo aceitar isso, porque não há motivo. Será que o motivo são os meus sentimentos?

Respondi:

> Por que precisa haver um motivo especial? Se você não quer, não quer. Só porque não consegue expressar os motivos em três linhas ou menos, não significa que a questão não é válida.
> Acho que tem a ver com a definição de "perfeito". Meu perfeito não será o seu. E por que o fato de haver muitas coisas ótimas significa que esse relacionamento é aquele que deixará sua vida absolutamente fabulosa? Em linguagem menos florida: sim, o mero fato de você não querer casar é um motivo para não se casar.

Nem todos os relacionamentos precisam terminar em casamento. Nem todo homem deve permanecer para sempre. Como observa Pamela Paul, uma jornalista que viveu e documentou o doloroso fenômeno dos *casamentos precipitados*:

Muitas pessoas atribuem ao casamento poderes transformadores – [achando que] ele pode fazer um mau relacionamento ficar bom, transformar uma obrigação chata em um compromisso sério, converter um namorado viciado em drogas em um *superstar* do mundo corporativo, fazer com que um parceiro volúvel se torne um indivíduo equilibrado.[5]

Entretanto, muitas de nós compram o pacote cegamente – só serão bem-sucedidas quando tiverem dado esse passo. Antes, eu me perguntava se estaria errada por não acreditar nisso e por namorar sem pensar em casamento; hoje, porém, não tenho mais dúvidas. E isso porque estive a menos de duas semanas de me casar com o sujeito errado, e desde então agradeço a Deus por termos acordado. Por algum tempo após o rompimento, sofri intensa dor e confusão quanto à minha vida. À minha volta, pessoas bem-intencionadas me diziam que não me preocupasse, que o príncipe encantado estava em algum lugar e que eu o encontraria e esqueceria meu ex-noivo.

Mas até mesmo essa linha de raciocínio me enojava. Passei dois anos com meu ex. De repente, só porque não nos casaríamos mais, isso significava que aquele tempo todo não valera nada? Eu poderia afirmar que aqueles haviam sido dois dos melhores anos de minha vida. Neles, aprendi o que queria da vida, que concessões estava disposta a fazer e até que ponto algumas delas podiam me causar dor física.

NAMORAR É A JORNADA

Eu poderia até dizer que meu ex-noivo, "Mark", foi a melhor coisa que já me aconteceu – mas não da maneira que a princípio

---

[5] P. Paul, *The Starter Marriage and the Future of Matrimony*. Nova York: Villard Books, 2002, p. 105.

pensei que seria, pois, se não estivéssemos juntos, não teríamos nos separado. Aquelas pessoas bem-intencionadas não teriam me dito que eu esqueceria meu ex-noivo e encontraria meu príncipe encantado. E, quanto a mim, não teria percebido que tudo isso faz parte da jornada.

Obrigado, "Mark", por me ajudar a entender como é importante fazer essa viagem antes de eu me assentar na vida.

Nem todos concordam com tal abordagem. A escritora Katie Roiphe diz que gosta das personagens de Jane Austen por causa "da incrível clareza e segurança de seus destinos. Elas se apaixonam pelo homem para o qual a história, a classe social e a tradição as escolheram. [...] É assim que deveria ser".

"Não parece sufocante e moralista", Roiphe escreve. "Parece civilizado."[6] Não caio nessa. Jamais encontrei consolo em ser guardada numa caixa. Quando alguém me diz que não posso fazer alguma coisa, fico pensando no que estou perdendo. Por isso, vou contra as expectativas. Agora vivo a vida que sempre quis, e minhas amigas solteiras também. Trabalhamos bastante em empregos dos quais gostamos, viajamos, participamos de maratonas. Mas a única peça que não se encaixa é esta: afirmamos que detestamos namorar. Balançamos a cabeça quando lembramos de nossos ex-namorados, como se não acreditássemos que perdemos tanto tempo com eles.

Mas não vemos a questão principal.

Namorar não deveria ser uma tortura. Nem uma prova de fogo pela qual, quando passamos, estamos prontas para alcançar o nirvana do casamento. Parece que a mídia, nossas mães e a sociedade estão todas mancomunadas para nos fazer entrar em pânico se não formos casadas até certa idade. Aqui estou eu, enfim, para dizer às leitoras que para mim já basta. Não acho que ser

---

[6] K. Roiphe, *Last Night in Paradise: Sex and Morals at the Century's End*. Boston: Little, Brown, 1997, pp. 28-29.

solteira é uma emergência, e não vou mais sorrir quando minhas amigas pensarem em ligar para o "resgate".

Por diversão, minhas amigas e eu assistimos ao que se chama de *reality show* de relacionamentos na televisão, que para os produtores significa que não queremos perder tempo com conversa fiada e ir direto para a lua de mel. Mas a vida não é como os programas *The Bachelor* e *The Bachelorette*. E, ao contrário da opinião dos produtores de TV, as mulheres não veem esses programas para viver a ilusão de ganhar um fabuloso anel de brilhantes. Nós os assistimos para zombar das situações. Os executivos dos estúdios podem chamar a isso de realidade. As espectadoras os consideram fuga da vida real.

Não tenha pressa, é o que eu digo. E não sou a primeira. Antoinette Brown Blackwell escreveu:

> Nenhum ser humano adulto deve assumir cegamente e com pressa o mais importante e duradouro relacionamento humano. [...] A garota, ainda jovem, deve saber que, acima de seus interesses pessoais, sua casa e sua vida social, ela tem de ter um grande propósito de vida, tão amplo quanto os direitos e interesses da humanidade. Afirmo que a mulher jovem tem de sentir isso, assim como os homens jovens também. [...] Ela tem de aprender que não precisa se casar na adolescência. Que espere, assim como espera o homem, se tiver bom-senso, até os 25 ou 30 anos. Aí, então, ela saberá como escolher bem e provavelmente não se enganará ao julgar o caráter do parceiro. Já terá certa disciplina de vida que lhe permitirá controlar as questões de casa com sabedoria, de modo que, ao mesmo tempo em que cuida da família, não perde de vista seu propósito de vida, para o qual tanto estudou.[7]

---

[7] A. B. Blackwell, "Divorce Laws Should Not Be Literalized", in B. Stalcup (org.), *The Women's Rights Movement: Opposing Viewpoints*. San Diego: Greenhaven Press, 1996, p. 106.

Blackwell escreveu isso no fim do século XIX. (Pense como uma pessoa era considerada velha aos 25 ou 30 anos naquela época!)

VAMOS COMEÇAR UM NOVO MOVIMENTO

Há um movimento de força em andamento que manda as mulheres comprarem as próprias joias. Não sou contra, mas não recuso presentes de um homem. Há outro grupo de mulheres por aí que diz: "Para o inferno com o casamento". Não sou partidária disso. Espero algum dia poder passar o resto da vida com um homem, mas não vou ficar em casa, casta e quietinha, esperando que ele apareça em minha vida.

Muitas mulheres já me disseram que estão cansadas de procurar marido. Meu comentário é: Então não procure! Estou iniciando um movimento. Trata-se de viver a vida que você quer viver e aproveitar as experiências e os homens que surgirem. Trata-se de aproveitar tudo o que você aprendeu com ex-namorados e de esperar pelos momentos que virão com outros. Trata-se de não se casar agora, e sim baixar o volume de suas ansiedades e, por enquanto, desfrutar da companhia do Príncipe Encantado da Vez.

Espero que você entre para esse movimento.

1
VOCÊ PODE ESPERAR

Você pode e deve esperar para se casar, embora os sinais da sociedade talvez lhe deem a impressão contrária. Mas não precisa só acreditar em minhas palavras.

BONS MOTIVOS PARA ESPERAR

Veja alguns ótimos motivos para você esperar, e as opiniões de especialistas que sustentam esses motivos.

Não existe falta de homens

Em *Backlash: o contra-ataque na guerra não declarada contra as mulheres*, Susan Faludi critica o tão apregoado estudo de Harvard-Yale, de 1986, segundo o qual as mulheres enfrentam uma escassez de homens:

> Uma análise dos gráficos de recenseamento [...] invalida a noção de que o país sofre de uma inundação recorde de mulheres solteiras. A proporção de mulheres jamais casadas, cerca de uma em cinco, foi

mais baixa do que em qualquer momento do século XX, exceto na década de 50, e mais baixa ainda do que em meados do século XIX, quando uma em cada três mulheres não era casada. [...] Na verdade, os únicos lugares em que se pode dizer que existe um "superávit" de mulheres descomprometidas na década de 80 seriam as comunidades de idosos. Qual era a idade média das mulheres que viviam sozinhas em 1986? Sessenta e seis anos.[1]

O mesmo ainda acontece hoje: de acordo com os números do Censo 2000, a população dos Estados Unidos está quase dividida por igual, com 49,1% de homens e 50,9% de mulheres. E estamos nos casando, sim. Segundo os resultados do mesmo censo, 50,5% das mulheres a partir de 15 anos são casadas; a taxa de homens casados é só um pouco maior, 54,2%.[2] Se essas cifras parecem baixas, graças a Deus a maioria de nós está esperando até pelo menos completar o ensino médio para se casar.

O caminho que seguimos nos ajuda a casar e nos protege do divórcio

Embora Barbara Dafoe Whitehead, autora de *Por que não sobraram homens bons*, se desespere perante a situação "lúgubre" dos casamentos na sociedade atual, ela admite que os estudos mostram que mulheres com bacharelado são "mais passíveis de se casar e menos propensas a se divorciar que mulheres com níveis mais baixos de escolaridade".[3]

---

[1] S. Faludi, *Backlash: The Undeclared War Against American Women*. Nova York: Anchor Books, 1992, p. 14 (ed. bras.: *Backlash: o contra-ataque na guerra não declarada contra as mulheres*. Rio de Janeiro: Rocco, 2001).

[2] U.S. Census Bureau, "Women Closing the Gap with Men in Some Measures, According to Census Bureau", 24 de março de 2003. Disponível em: <http://www.census.gov/Press-Release/www/2003/cb03-53.html>.

[3] B. D. Whitehead, *Why There Are No Good Men Left: The Romantic Plight*

Ainda nos casamos

Por um lado, os noticiários de TV anunciam estatísticas assustadoras. Por outro, quantos malditos vestidos usados em festas de casamento você tem no guarda-roupa? As mulheres estão esperando – de propósito – para acabar, cedo ou tarde, chegando ao altar. "O índice de casamento equivale ao número de casamentos por mil mulheres não casadas, a partir de 15 anos [de idade], por ano", observa Whitehead. "O índice de casamento não é necessariamente a medida das possíveis perspectivas de casamento para as mulheres, mas muitas acham que é."[4]

Quando damos ouvidos às amigas e não aos noticiários, a mensagem é um alívio. Faludi escreveu sobre um levantamento nacional feito em 1986 com mulheres de 20 a 30 e poucos anos, no qual 90% das mulheres que jamais tinham sido casadas disseram que "o motivo por não terem se casado é que não quiseram".[5] Hoje em dia, cada vez mais mulheres esperam para se casar. Se você acha que nós, mulheres solteiras, ainda estamos trancadas no armário, é porque nunca assistiu a *Sex and the City*, *Friends* ou até *Seinfeld*. E Pamela Paul, autora de *The Starter Marriage and the Future of Matrimony*, explica que, embora estejamos nos casando mais velhas, "também estamos nos casando numa fase anterior da vida [...] principalmente diante do fato de que amadurecemos antes e vivemos mais".[6] Em vez de esperar até o dia em que estivermos financeiramente equilibradas – capazes de bancar um casamento e uma família –, muitas de nós se casam antes de ter uma casa ou de pagar o financiamento de nossa educação.

---

of the New Single Woman. Nova York: Broadway Books, 2003, pp. 7, 59 (ed. bras.: *Por que não sobraram homens bons*. São Paulo: Planeta, 2003).
[4] Idem, op. cit., p. 39.
[5] S. Faludi, op. cit., p. 14.
[6] P. Paul, *The Starter Marriage and the Future of Matrimony*. Nova York: Villard Books, 2002, p. 39.

O casamento não é só vinho e rosas

Sim, o casamento é frequentemente maravilhoso. E frequentemente não é. Isso acontece principalmente se você se casa com o sujeito errado porque teve muita pressa. As pessoas entrevistadas por Pamela Paul achavam que estavam se casando definitivamente, mas não foi o caso, e esses casamentos acabaram sendo apenas os primeiros de uma série.

Faludi recita uma litania de males dos quais as mulheres casadas (e, presumo, infelizes) sofrem, incluindo "colapsos nervosos, nervosismo, palpitações e inércia. Outras agonias também assolam de maneira desproporcional as mulheres casadas: insônia, mãos trêmulas, tontura, pesadelos, hipocondria, passividade, agorafobia e outras fobias, insatisfação com a aparência física e sentimentos angustiantes de culpa e vergonha".[7] Se você quiser, pode acreditar nos variados dados de saúde mental obtidos de homens casados, mulheres casadas, homens solteiros e mulheres solteiras, e que mostram que os mais felizes de todos são os homens casados; as menos felizes são as mulheres casadas.

Não há provas de que casar cedo é melhor

Sim, os casamentos na juventude às vezes dão certo. De modo geral, porém, não. Os conservadores sociais oferecem muitas razões para você se casar ainda jovem – tais como ter filhos e crescer com o parceiro –, mas nenhuma delas é comprovadamente capaz de manter um casamento intacto. Pamela Paul escreve:

> De acordo com o sociólogo Larry Bumpass, "A proporção inversa entre a idade no casamento e a probabilidade de rompimento conjugal é uma das mais fortes e bem documentadas na literatura". O

---

[7] S. Faludi, op. cit., p. 37.

próprio Projeto Nacional de Casamento [conservador] afirma que não existem provas de maior sucesso no casamento de pessoas com 20 e poucos anos em comparação com aquelas que já estão com quase 30 ou passaram dessa idade. Eles concluem que uma idade mais avançada para o casamento parece ter "um efeito fortemente positivo" sobre a instituição como um todo.[8]

Não se pode apressar o amor

Você pode apressar o casamento, mas não é a mesma coisa. Quando o canal de televisão Fox transmitiu o programa *Married by America*, que prometia um casamento de luxo para casais que os Estados Unidos considerassem apropriados um para o outro, um noticiário local quis saber minha posição. Eu disse ao repórter o mesmo que digo repetidas vezes às mulheres em meu *site*: o motivo do matrimônio é celebrar seu compromisso com a família e os amigos.

O casamento em si não representa um compromisso. Se você está decidida a trair seu parceiro, não é um pedaço de papel que vai impedi-la. (Laura Kipnis, autora de *Contra o amor: uma polêmica*, acha que nada nos impede de trair. O remédio que ela sugere é: simplesmente mande a ideia de casamento para o inferno.[9]) Tem de vir do coração. O vestido de casamento, o bufê, a chuva de arroz são elementos extras, mas não a fundação. A fundação é o amor. Lois Brady, que escreve no *New York Times* a respeito de casamento e de pessoas casadas há muito tempo, diz: "Não há nada que uma mulher possa fazer para apressar o amor ou fazê-lo acontecer. Toda vez que alguém me pergunta sobre o amor, eu digo: 'Espere por aquele sentimento. Espere, espere, es-

---

[8] P. Paul, op. cit., p. 239.
[9] L. Kipnis, *Against Love: A Polemic*. Nova York: Pantheon Books, 2003 (ed. bras.: *Contra o amor: uma polêmica*. Rio de Janeiro: Record, 2005).

pere. Espere com a paciência de um pescador budista'".[10] (A propósito, amei *Married by America*. O prazo de duração de algumas semanas foi rápido demais, mas a série mostrou de fato às mulheres sonhadoras as questões com as quais terão de lidar cedo ou tarde – como a família escandalosa do marido ou apetites sexuais estranhos.)

Antes de conhecer outra pessoa, você precisa se conhecer

Você precisa se conhecer porque isso é necessário para o seu crescimento, mas também porque é divertido. Judith S. Wallerstein e Sandra Blakeslee, autoras de *The Good Marriage*, são grandes fãs da instituição do casamento, mas entendem a necessidade de uma pessoa conhecer a si mesma – queira ela casar ou não.

Para fazer uma escolha sábia no casamento, a pessoa precisa antes ser independente. [...] Ser independente significa sentir que você tem escolha e que a merece; que alguém a escolherá e que você terá a oportunidade de escolher, também.
Ser independente não significa apenas comprar e viver em seu apartamento após a faculdade. Significa, isso sim, ter o senso de identidade que lhe permitirá ir para casa sozinha depois de uma festa. Significa poder passar a noite sozinha. Significa não se sentir solitária a ponto de tomar decisões erradas quanto ao indivíduo que você convida para entrar em seu apartamento. Pelo que já observei, muitos casamentos infelizes são resultado do medo de estar sozinha, mesmo que por pouco tempo.[11]

---

[10] L. Brady, *Love Lessons: Twelve Real-Life Love Stories*. Nova York: Simon & Schuster, 1999, p. 169.
[11] J. S. Wallerstein e S. Blakeslee, *The Good Marriage: How and Why Love Lasts*. Boston: Houghton Mifflin, 1995, p. 101.

Em *Mística feminina*, Betty Friedan cita o psiquiatra Andras Angyal para explicar o mal de se viver através do outro:

> A manifestação mais frequente de uma pessoa viver através da experiência de outra é uma dependência particularmente estruturada dessa outra pessoa, que às vezes é confundida com amor. [...] Esse apego é extremamente passivo e costuma privar o parceiro de uma "vida própria". "O não compromisso" e a "vida através dos outros", conclui Angyal, "podem ser vistos como tentativas de solucionar o conflito entre o impulso de crescer e o medo de enfrentar novas situações", mas, embora possam aliviar temporariamente a pressão, não resolvem o problema; "o resultado, ainda que não o intento, é sempre a evasão do crescimento pessoal."[12]

E, se você não conhecer a vida enquanto ainda estiver solteira, como poderá escolher o contrário? Peggy Orenstein, autora de *Flux*, ressalta que, "se as mulheres não conseguem ver a vida de solteira como uma alternativa viável, com uma dose própria de custos, recompensas e desafios, permanecem, enfim, tão controladas pelo casamento quanto as gerações anteriores, igualmente vulneráveis a escolhas negativas – por medo, e não por um desejo autêntico".[13] Além disso, como observou Friedan em 1963, "Amor, filhos e um lar são coisas boas, mas não são o mundo todo, embora a maioria das palavras escritas para as mulheres hoje em dia finja que são. Por que as mulheres deveriam aceitar essa imagem de uma meia vida, em vez de participar igualmente do todo do destino humano?".[14]

---

[12] B. Friedan, *The Feminine Mystique*. Nova York: Norton, 1983, p. 291 (ed. bras.: *Mística feminina*. Petrópolis: Vozes, 1971).

[13] P. Orenstein, *Flux: Women on Sex, Work, Kids, Love and Life in a Half-Changed World*. Nova York: Doubleday, 2000, p. 241.

[14] B. Friedan, op. cit., p. 67.

Educação leva ao sucesso, até mesmo no casamento

Não há maneira melhor de conhecer a si mesma e de se dar bem em qualquer vida que você construir do que uma educação sólida. Em 1952, Simone de Beauvoir se cansou de ver o casamento acima da escola:

> Os pais ainda criam suas filhas preparando-as para o casamento, em vez de incentivar seu desenvolvimento pessoal; a garota vê tantas vantagens nisso que começa a desejar exatamente esse futuro; o resultado é que acaba se tornando menos estudada, menos preparada que seus irmãos e menos envolvida em sua profissão. Assim, acaba condenada a permanecer nos níveis mais baixos, a ser inferior, e o círculo vicioso se forma: a inferioridade profissional reforça seu desejo de encontrar um marido.[15]

Avance uns cinquenta anos, e a visão de Beauvoir encontra apoio nas pesquisas da Universidade de Princeton sobre o infame artigo da *Newsweek* "Tarde demais para o príncipe encantado", que afirmava que uma mulher de 35 anos tinha apenas 5% de chance de se casar. O estudo de Princeton concluiu que "as possibilidades de casamento serão mais altas para aquelas mulheres que são, em teoria, mais capazes de viver bem sozinhas – as mais educadas e instruídas".[16]

A educação é também um "seguro contra o divórcio", como ressalta Whitehead.[17] Se o casamento não dá certo, nós temos a capacidade de nos sustentar. Como explica Erica Jong, a feminista é "uma mulher que garante sua autodependência como con-

---

[15] S. de Beauvoir, *The Second Sex*. Nova York: Vintage Books, 1989, p. 137 (ed. bras.: *O segundo sexo*. Rio de Janeiro: Nova Fronteira, 2009).
[16] B. D. Whitehead, op. cit., p. 42.
[17] Idem, op. cit., p. 58.

dição básica de sua vida".[18] E, com o conhecimento do mundo que a educação fornece, somos menos passíveis de aceitar o primeiro sujeito que surge no caminho.

MAUS MOTIVOS PARA SE APRESSAR

Várias de nós se submetem a muita propaganda e à paranoia de nos casarmos o mais breve possível. Eis algumas recomendações e mitos que talvez você já tenha ouvido e que devem ser desmascarados.

Você tem de ter filhos enquanto for jovem

Não necessariamente – os anos apropriados para ser mãe não se limitam aos 20, tampouco aos 30. Na verdade, você pode ter mais tempo do que pensava para se tornar mãe. E se pretende se casar apenas para ter filhos, quais são as chances de seu casamento durar? E como isso pode ser bom para os filhos? Se quer tanto ser mãe, por que não fugir da armadilha do casamento e simplesmente engravidar?

Você só se torna adulta mesmo quando se casa

Essa é a crença que nossas mães nos impõem, não é? Até mesmo o respeitado psicólogo Erik Erikson afirmou que "a formação de vínculos românticos de amor é a tarefa desenvolvimental definitiva para os jovens".[19] E, na corrida para a idade adulta, Whitehead acredita que as mulheres têm "tempo para encontrar

---

[18] Citado em B. Ehrenreich, "The Women's Movement, Feminists and Antifeminists", *Radical America*, 15(1-2), primavera de 1981, p. 98; S. Rowbotham, *A Century of Women: The History of Women in Britain and the United States*. Nova York: Viking Penguin, 1997, p. 443.

[19] B. D. Whitehead, op. cit., p. 105.

um parceiro amoroso, mas não muito tempo para desperdiçar com outro tipo de parceiro. É importante evitar devaneios e atrasos".[20] Esse tipo de raciocínio, porém, vê o amor e a vida como um jogo, algo que você pode ganhar ou cruelmente perder.

Vamos imaginar o seguinte: Uma mulher termina a faculdade com um anel no dedo. Ela e o noivo logo se casam. Outra mulher termina a faculdade apenas com o diploma. A primeira tolera uma união dolorosa e disfuncional, enquanto ela e o marido ainda jovem crescem e se afastam cada vez mais um do outro. A segunda namora, trabalha e cresce também. A primeira mulher se divorcia depois de quinze ou vinte longos anos. A segunda vive a maior parte de sua vida adulta "sozinha", só conhecendo o homem certo, com quem quer se casar, aos 40 e poucos anos, a mesma idade em que a primeira mulher se divorciou. Quem ganhou?

Aliás, quando você se torna adulta? Quando perde a virgindade? Quando não depende mais do dinheiro de seus pais? Quando se casa? Quando compra uma casa? Quando tem filhos? Quando seus pais morrem? Quando publica seu primeiro livro? Quando um jornal de alcance nacional faz uma resenha de seu livro e a manchete anuncia: "Mas ela não é amarga!"?[21] (Envelheci ao menos uma década quando li isso.)

Você não tem tempo para trabalhar e encontrar um marido

Há uma ideia de que, se você encontrar o amor cedo, poderá prosseguir com seus outros objetivos, sabendo que o casamento já está garantido. Essa noção tem a ver com a ideia de que cada um é por si; a sociedade não ajuda; por isso, você tem um segundo emprego, que é encontrar o amor.

---

[20] Idem, op. cit., p. 153.
[21] "She Kept the Dress", *Toronto National Post*, 5 de março de 2003.

Muitas mulheres que entrevistei têm sentimentos fortes que variam de culpa até a depressão clínica quando rompem o noivado – independentemente de terem sido elas mesmas que assim quiseram, ou do motivo do rompimento, ou se a culpa foi do parceiro. Muitas delas lamentam ter dedicado tantos anos da vida ao ex-noivo. Mas, como diz Pepper Schwartz, autora de *Tudo o que você sabe sobre amor e sexo está errado:* "Você precisa realmente 'desperdiçar' tempo. Precisa presumir que nem sempre pode saber o que quer ou quem vale a pena conhecer".[22]

Os homens se sentem intimidados com mulheres muito bem-sucedidas

Obviamente você quer estar com um homem que deseja uma mulher dinâmica, bem-sucedida. Não acredita na lenda de que sua carreira profissional de sucesso e sua ambição positiva repulsam os homens; não se apegue a isso para justificar sua preguiça profissional. Essa crença talvez já tenha lhe sido útil. No passado, diz Rosalind Miles, em seu livro *A história do mundo pela mulher*, as mulheres estudadas tinham "todas as chances de sofrer desvantagem econômica, pois uma mulher instruída poderia ser facilmente excluída do mercado do casamento. [...] O risco do aprendizado tirava a mulher de seu 'lugar'".[23]

Os tempos mudaram. Claro que a maioria dos homens não quer uma mulher que não para de se gabar de suas conquistas, assim como a maioria de nós não quer um homem que seja as-

---

[22] P. Schwartz, *Everything You Know About Love and Sex Is Wrong: Twenty Five Relationship Myths Redefined to Achieve Happiness and Fulfillment in Your Intimate Life*. Nova York: Putnam, 2000, p. 52 (ed. bras.: *Tudo o que você sabe sobre amor e sexo está errado*. Rio de Janeiro: Ediouro, 2002).

[23] R. Miles, *The Women's History of the World*. Topsfield: Salem House, 1989, p. 116 (ed. bras.: *A história do mundo pela mulher*. Rio de Janeiro: Casa Maria, 1989).

sim. Mas a verdade é que hoje em dia uma mulher inteligente não assusta mais os homens. Abra os olhos. Quando alguma amiga me diz que o homem com quem ela saiu não ligou nem a procurou mais porque se sentiu "intimidado" por ela, eu comento: "Não, querida, ele simplesmente não gostou de você. Inteligente ou não".

O mundo olha com mais respeito para uma mulher casada

Em *A história da esposa*, Marilyn Yalom se lembra do tempo em que

as mulheres usavam o título de "esposa" como uma marca de honra. Ser esposa de um pastor, esposa de um banqueiro, esposa de um médico era uma condição que dizia ao mundo, com todas as letras, que a mulher havia cumprido seu destino "natural". Garantia legitimidade e proteção em um mundo que era proverbialmente cruel com as solteironas. Fosse a mulher feliz ou não no casamento, a aliança de casada era a medida de seu valor.[24]

Quando sua mãe vem lhe dar sermões, porém, tenho certeza de que não são sobre legitimidade e proteção, e sim pelos netinhos! A despeito de todas as línguas faladoras, entretanto, as mulheres hoje em dia têm tantas escolhas de como viver – solteiras, casadas, divorciadas, casadas de novo, lésbicas e vivendo com uma amante, mães solteiras, e assim por diante – que é impossível ser rotulada novamente.

Seu fracasso está na mídia

Na década de 60, Mary Tyler Moore criou uma revolução quando estreou o primeiro programa de televisão que mostrava – co-

---
[24] M. Yalom, *A History of the Wife*. Nova York: HarperCollins, 2001, p. xii (ed. bras.: *A história da esposa*. Rio de Janeiro: Ediouro, 2002).

mo protagonista! – uma mulher que trabalhava e não era casada. Nossas opções cresceram muito desde então (lembra quando Rachel, em *Friends*, recusou a proposta de Joey ao ficar grávida de Ross, dizendo que não estava procurando um marido?). No entanto, a maioria dos programas de televisão ainda presume que nossa preferência é por imagens do Dia Perfeito (nosso casamento, claro) e do Homem Perfeito. Na "tevelândia", as mulheres não casadas são tão solitárias que provavelmente uivam para a lua quando as câmeras não as mostram (veja *Ally McBeal*) e fazem fila para conhecer um solteiro escolhido pelo produtor. Para viver a vida, você precisa desligar a televisão e viver.

Seu fracasso está na mídia, mas também na literatura: desde "Cinderela" até os populares romances vendidos em bancas de jornais, as mulheres se preocupam perante a possibilidade de viver sem um parceiro. Chega de ler para relaxar. (Alguém aí está a fim de ioga?)

Repita comigo: "Eu vou *esperar* antes de me casar. Eu vou *esperar* antes de me casar". Agora, vamos desconstruir a ficção ao redor do homem com quem você vai se casar. Não quero destruir todos os seus castelos de areia, mas o príncipe encantado é um mito.

2
NÃO ESPERE PELO PRÍNCIPE ENCANTADO

Todas as minhas amigas solteiras estão esperando o príncipe encantado.

Pessoalmente, imagino um homem alto, com cabelos espessos e pretos e olhos de um profundo azul.

Tão profundos quanto o oceano.

Talvez ele esteja de pé, à beira de um penhasco.

Não, nada de penhasco. Ele está usando um terno e caminha com determinação. Esse detalhe é importante para mim: ele tem um lugar para onde ir.

Por que somos tão obcecadas por essa eterna busca pelo indivíduo perfeito? Analisemos esse fenômeno e vejamos se há um modo de quebrar esse hábito.

RAÍZES HISTÓRICAS DA GRANDE BUSCA

Anna Rosner, da Universidade de Toronto, escreveu sua tese sobre as consequências para as mulheres que preferiram não se casar, conforme eram retratadas na literatura francesa dos séculos XVII e XVIII. Fui procurá-la para me ajudar a compreender as raízes de nosso interesse pelo "felizes para sempre". Rosner me explicou que o conceito do "príncipe encantado" mudou no decorrer dos anos e é subjetivo, dependendo da perspectiva do autor. Na literatura francesa do século XVII, a tendência era o cristianismo, e o príncipe encantado era ou o homem que o pai escolhia para a filha ou Deus – porque uma das poucas alternativas para as mulheres à instituição do casamento era o convento. (Gostaria de salientar que, se eu tivesse deixado meu pai escolher, hoje seria casada com um advogado de Nova York que é um doce de pessoa, mas muito chato, e o qual nem sequer namorei. Chego a bocejar de tédio quando penso nisso.)

Em grande parte da literatura antiga, o príncipe encantado é uma ferramenta que ensina às mulheres seu lugar apropriado e submisso na sociedade; para tal função, ele é escolhido pela família da mulher ou pela sociedade. Na literatura de autoras com uma tendência mais feminista, o príncipe encantado é escolhido pela personagem feminina, e ele *permite* a liberdade dela. O príncipe encantado às vezes é um amor galante, platônico, que proporciona uma fuga das restrições do casamento.

"Uma regra geral", diz Rosner, "é que os autores do século XVIII costumavam privilegiar o espaço platônico da amizade em vez do casamento, por causa do caráter opressivo e discriminatório desse último; as mulheres tinham poucos direitos dentro dos limites do matrimônio." Em outras palavras, as funções do casamento eram estreitamente definidas. As mulheres aceitavam as regras ou se tornavam solteironas ou freiras. Não havia mulheres solteiras que namoravam. E qualquer mulher que aspirasse a tal condição era derrotada: "A 'boa' mulher é sutil, assexuada, sem desejo, controlada, temente a Deus e uma boa mãe", Rosner apurou. "A 'má' é sexual, insatisfeita, uma mãe desnaturada que recusa o casamento e a maternidade; talvez ria alto demais. [...]
A típica trajetória feminina leva a duas possibilidades: morte pre-

matura ou, por fim, casamento."[1] (Para este livro, pensei antes no título *Morte prematura ou por fim o casamento*. Soa bem, não é?) Em *Madame Bovary*, de Flaubert, por exemplo, a heroína Emma acredita que está se casando por amor, mas percebe que, embora seu marido tenha um bom coração, é um homem muito entediante. Rosner traduz do original francês: "Antes de se casar, ela acredita em seu amor; mas, como a felicidade que resultaria desse amor nunca aconteceu, ela sentiu que havia se enganado. E Emma passou a se perguntar, então, o que significavam as palavras *felicidade*, *paixão* e *êxtase*, que pareciam tão belas nos livros". Embora desconfie de que o amor que está procurando só existe na ficção, Emma tenta novamente encontrar amor fora do casamento, e por fim conhece o "príncipe desencantado" – ele a abandona e ela comete suicídio.

EM BUSCA DA PERFEIÇÃO

Claro que esses contos assustadores e alarmantes da literatura parecem não se aplicar diretamente a nós hoje em dia, mas por que então nós, mulheres, insistimos em nossa corajosa busca pela perfeição dos contos de fadas? A definição do príncipe encantado mudou com o passar dos anos, assim como mudaram também as opções das mulheres, mas ainda nos apegamos a um homem fantasioso, que não existe. Será que somos muito mais sábias ou livres do que Emma? Recusamo-nos a ser felizes com nossos relacionamentos ou com nós mesmas enquanto não encontrarmos o príncipe encantado, aquele protótipo de perfeição que construímos em nossa mente.

Jeffry Larson, autor de *Should We Stay Together?*, critica o mito que diz: "Enquanto uma pessoa não encontrar o indivíduo certo com quem se casar [...], não estará satisfeita".[2]

---
[1] Anna Rosner, comunicação pessoal com a autora, agosto de 2003.
[2] J. Larson, *Should We Stay Together? A Scientifically Proven Method for Eva-*

Se você acredita que existe um parceiro perfeito esperando-a em algum lugar, acabará caindo naqueles tipos de "relacionamentos classificatórios" para identificar logo se a pessoa é o príncipe ou princesa encantados. Afinal de contas, quem quer desperdiçar tempo namorando alguém com quem não há futuro? Em vez conhecer seu parceiro e com ele se relacionar, você o avaliará e *classificará* prematuramente. Acabará desenvolvendo um padrão de múltiplos relacionamentos curtos, que culminarão em frustração, decepção e desilusão, tanto com você mesma quanto com seus parceiros. A inutilidade dessa noção se torna mais evidente perante o fato de que as pessoas mudam com o passar o tempo. A pessoa que parecia perfeita no começo de um relacionamento parecerá inevitavelmente imperfeita mais tarde.[3]

Larson e eu acreditamos que não se deve procurar um parceiro perfeito. Mas temos uma divergência quanto ao valor dos relacionamentos curtos. Fora isso, concordo que o hábito de "classificar" cada pessoa não é uma boa ideia. Este livro não trata de "relacionamentos classificatórios para identificar logo se a pessoa é o príncipe ou a princesa encantados". Trata, isso sim, do prazer de curtir cada príncipe que você conhecer, aceitá-lo como ele é e, com ele, descobrir mais a respeito de si mesma.

Quando olhamos para a questão sob esse prisma, como um relacionamento curto pode *não ser* crucial? O que pode ser mais importante do que conhecer a si mesma? Por que não deveríamos passar a juventude aproveitando a vida, o prazer de namorar e a paisagem encantadora? Não veja cada namorado como possivelmente O Homem Certo – porque geralmente não é, e você se sentirá frustrada e decepcionada, como diz Larson. Em vez disso, encare o namoro – aliás, a vida – como uma aventura.

---

luating Your Relationship and Improving Its Chances for Long-Term Success. San Francisco: Jossey-Bass, 2000, p. 4.
[3] Ibidem.

Comprei um ímã de geladeira no distrito das flores de Amsterdã que aprecio muito. Mostra uma estrada aberta, e abaixo da cena está escrito: "A vida é curta, mas é ampla". Não se concentre no fim, que sempre chega antes do que imaginamos. Concentre-se nos oceanos de espaço à sua esquerda e à sua direita.

EM BUSCA DE SEGURANÇA E ESTABILIDADE

Segundo Deborah Shelkrot Permut, terapeuta de Washington, D.C., as mulheres acham que encontrar o príncipe encantado é o caminho certo para uma meta simples e milenar: segurança e estabilidade. As mulheres querem ardentemente casar e ter uma família, e o príncipe encantado parece ser o meio para chegar lá.

Permut aconselha às clientes que não escolham um homem que seja perfeito no papel, e eu concordo plenamente. Quando fiz terapia após o rompimento de meu noivado, comecei a perceber que "Mark" era perfeito na teoria, mas não era nada do que eu estava procurando. Tal percepção abriu uma caixa de Pandora – por que eu me deixara seduzir pela ideia de "perfeito" da sociedade, em vez de entrar em contato com minhas próprias ideias? Encontrar a resposta a essa pergunta foi a chave de minha felicidade hoje.

E estou fazendo o que posso para divulgar esse "evangelho".
Recebi esta carta em meu *site:*

> Tenho um relacionamento firme com meu namorado, Milton. Moramos juntos há quase um ano e namoramos há mais de dois. Mais ou menos um mês atrás, me senti sufocada por um sentimento de dúvida, saí de casa e fui me refugiar na casa de meus pais. Estou aqui ainda, tentando compreender meus sentimentos e seguir meu coração. Não tenho certeza se sei fazer isso.
>
> Nada aconteceu para me levar a agir assim, foi apenas um sentimento instintivo de que alguma coisa não ia bem. Como determinar se

esses sentimentos são realmente de dúvida ou alguma questão psicológica mais profunda (ou seja, de eu não estar satisfeita comigo mesma)? Não tenho vontade de voltar ao nosso apartamento para ficar ao lado dele, mas tenho muito medo de viver sem ele.

Embora fosse mais rápido, e talvez o que ela precisasse ouvir, não pude dizer à autora da carta que simplesmente fosse levando. Mas o que pude fazer – e fiz – foi ajudá-la a explorar esses sentimentos. Era felicidade? Onde Milton se encaixava?

Hoje em dia, as mulheres sempre me perguntam que *insights* ganhei. O que faço agora, após ter rompido meu noivado, para conseguir encontrar o príncipe encantado? Tenho duas respostas. Não existe príncipe encantado. E eu namoro. Namoro muito. Permito-me sentir atraída por um homem, mesmo que obviamente não seja o sujeito com quem quero construir minha vida. Seja ele aventureiro, perigoso, inteligente, ou *sexy* e brilhante como uma luz que me atrai como uma mariposa, é dele que me aproximo. A vida é diversão, estímulo e experiência. Ele pode ser meu príncipe quase encantado; não precisa ser totalmente encantado.

Algumas pessoas acham tal atitude irritante. E a questão dos filhos? E a questão da exaustão do namoro? E a questão de perder tempo? Aí é que está. Esse é o medo oculto. Os clientes de Eric Levin, terapeuta da Filadélfia que se especializou em namoro, estão sempre mencionando esse medo. "As pessoas se precipitam porque percebem que estão ficando mais velhas e temem não encontrar o indivíduo certo; temem a passagem do tempo", diz Levin. Mas o que elas não percebem é isto:

> O que mata realmente o tempo é um relacionamento ruim, não o namoro não exclusivo prolongado. Quando você embarca no "trem monogâmico", é difícil sair de um relacionamento, mesmo que seja evidentemente inapropriado. Você poderia namorar com ele e com outros [em vez de se apressar para casar com ele]. Há pessoas que

se casam após dois anos de namoro e se divorciam dez anos e dois filhos depois – *isso sim* é perder tempo, não os dois meses de namoro não exclusivo.

Mas aí vem o coral grego, ansioso e melancólico, agitando as mãos atrás de mim:

Mas se ele é o príncipe encantado,
Não é, então, o Homem Certo,
O Único Homem?

OS PERIGOS DA GRANDE BUSCA

Quando você para e pensa, a ideia de um príncipe encantado é, na verdade, perigosa. Se ele é perfeito, tudo em que acredita deve ser perfeito também (o problema é se você tiver outra opinião). Seu mundo se torna menor; pouco a pouco, ele bloqueia o sol para você. Quando as clientes de Deborah Permut lhe dizem que estão desesperadas atrás do príncipe encantado, mas não o encontram apesar de tentarem com tanto afinco, a linha de raciocínio da terapeuta (transmitido às clientes de modos diversos) é mais ou menos assim:

Será que é realmente um homem que ela está procurando?
Se estiver, essa é a direção certa para encontrar o que precisa?
Se for, como ela define o príncipe encantado?

A terapeuta de Baltimore Marci Drimer irrita-se com nossos pais, a sociedade, a mídia e até os contos de fadas, por perpetuarem o mito do príncipe encantado. "As mulheres são criadas para acreditar no príncipe que resgata a princesa", lamenta. Ela aconselha suas clientes a esquecer o príncipe encantado, não porque acredita no velho dito segundo o qual, quando você estiver feliz consigo mesma, o homem certo aparecerá, e sim porque acha que, na condição de pessoa feliz, *você* se sentirá atraída pelo homem certo. Além disso, ela enfatiza que somente quando você for "honesta, genuína e verdadeira" estará aberta para receber a pessoa certa. E só quando tiver uma base sólida perceberá que ter uma pessoa, romanticamente falando, "torna a vida muito melhor, mas não *faz* você feliz".

Drimer alerta contra a busca pelo "indivíduo que traz bombons e flores e faz o coração disparar" – um elemento essencial da ficção para as devotas do príncipe encantado. (Meu cavalheiro alto, de cabelos pretos e olhos azuis traz um monte de tulipas; provavelmente caminha resoluto em minha direção para me presentear.) As clientes dizem a ela que, se não se sentem perdidamente apaixonadas após o primeiro encontro, o sujeito não serve.

Permut já teve clientes que "escolhem e rompem" a experiência de namoro cedo demais. Se acham que encontraram o príncipe encantado (e algumas mulheres estão dispostas a se anular para que o homem pareça perfeito), elas preferem não namorar mais ninguém. É perigoso "se concentrar nele e não ter outras experiências suficientes", diz Permut. "Não apenas para decidir quem é seu príncipe encantado, mas também para você aprender mais sobre si mesma e se tornar mais você." Ao se concentrar em um único homem e proclamá-lo O Homem Certo, a mulher "abre mão de todo seu poder, perde seu eu".

Sou grande fã de se casar mais tarde e impedir a perda do eu, mas Permut não acha que seja necessariamente tão simples. A maturidade, pelo contrário, é demonstrada na "abertura para experimentar e aprender acerca de si mesma. É a insistência em encontrar o homem certo, em vez de aprender sobre si mesma, que impede a mulher de se desenvolver como pessoa". O fato de não ter experiências suficientes é uma das coisas que fazem com que a mulher seja dominada pelo parceiro. Outra é sua história e constituição psicológica. E outra, ainda, a idade. No fim, o que vale é "aquilo que fazemos de nossas experiências e o que aprendemos delas", aconselha Permut. "Quanto medo temos de sair no mundo, de aprender a respeito de nós mesmas? Até que ponto nos sentimos dependentes?"

Na seção de Agradecimentos, menciono vários terapeutas com quem conversei sobre as ideias examinadas neste livro. Incluí suas opiniões aqui para que você, com seu cérebro treinado na faculdade, consiga aceitar academicamente o mérito dessas ideias. Ao mesmo tempo, esta especialista em vida que vos fala encoraja você a abandonar suas ideias antiquadas sobre o futuro. O mundo é uma miscelânea de príncipes a ser experimentados. Esqueça o príncipe encantado; não pense no "para sempre".

E vá com tudo.

Este livro tem tudo a ver com a alegria de mergulhar de cabeça, sair ilesa e mergulhar de novo. A vida é um grande trampolim, e o namoro é uma piscina. Entre nela – a água está deliciosa. O mundo está cheio de "amores" e "príncipes" para você se lembrar e aproveitar.

Comecemos com o primeiro de toda mulher – a Paixão Adolescente.

3
A PAIXÃO ADOLESCENTE

Certa vez, em uma aula de estudos sociais da quinta série, fui escolhida pelo meu grupo de quatro estudantes para liderar a exposição de um trabalho, e fiz uma breve apresentação de cada colega antes de eles falarem. Um dos garotos, de cabelos loiros e sobrancelhas espessas, estava tímido aquele dia; assim, para apresentá-lo, eu disse: "E, por fim, Sammy, que neste momento está debaixo da carteira".

E então, em algum momento entre os 10 e os 16 anos, Sammy saiu de debaixo da carteira e desabrochou – pelo menos a meus olhos –, e eu me apaixonei: foi minha Paixão Adolescente.

Todas já passamos por isso. Diferentemente de outros relacionamentos ao longo do caminho, este é um do qual todas nos lembramos com carinho. Quando tirei minha carteira de motorista, conduzia o carro até o bairro de Sammy para "cuidar de tarefas rotineiras". Chegando lá, passava pela casa dele, dizia que por acaso estava nas redondezas e perguntava se Sammy estava.

Falava sobre ele com minhas amigas, que também me contavam suas paixões. Se o vejo hoje, nada sinto; mas, quando tinha 16 anos, o som de seu nome me iluminava. Conversávamos horas ao telefone, e passei com ele algumas das melhores noites da minha vida (desde então, tenho vivido um pouco), deitada no capô de seu carro, ouvindo a todo volume o disco *So*, de Peter Gabriel. Meu pai não me deixava dormir na casa de Sammy, por isso passávamos a noite acordados e eu dirigia de volta para casa ao amanhecer, sentindo apenas uma pontinha de culpa. Ele tentou avançar algumas vezes, mas, sendo uma garotinha assustada, evitei. Assim, nosso relacionamento nunca passou da linha de flerte intenso. Lembro-me de que eu me sentava pertinho dele em um sofá de balanço na varanda de trás de sua casa; ele punha o braço em volta dos meus ombros e eu me levantava a cada quinze minutos para ver como estava meu cabelo no espelho do banheiro. Lembro-me de seu modo de me olhar com excitação e desejo, de nossos longos abraços antes de nos despedirmos. Envergonhada, agora, lembro-me de todas as tarefas estúpidas que inventava para fazer em seu bairro, que poderiam muito bem ser feitas no meu (se é que precisavam ser feitas). Ele era, na verdade, um rapaz comum, mas com certeza eu não via isso.

E na época não havia nada igual. Feche os olhos e lembre-se de sua Paixão Adolescente. Era um garoto da outra classe que não sabia que você existia? Algum astro *pop*, que olhava com amor para você do pôster acima de sua cama? Algum amigo com o qual você tinha fantasias secretas? O melhor amigo de seu irmão mais velho? Uma amiga minha chamada Carolyn se lembra da Paixão Adolescente como "um sonho! Um jogador de basquete alto e tranquilo, do colégio. Não o conhecia muito bem, mas o achava um gato!".

Todas nós já tivemos uma Paixão Adolescente, acompanhando, grudadas, os objetos de nossa afeição, e de repente se escondendo nas sombras para observá-los. Fomos verdadeiras patetas. Se tivéssemos na idade adulta o mesmo comportamento que exibíamos na época da Paixão Adolescente, seríamos consideradas assediadoras.

Sempre que o via, surtava, mesmo que estivesse a poucos metros dele.

– Hilary

Eu chegava a ligar para a secretária eletrônica dele só para verificar se tinha deixado ou apagado minha mensagem (eu sabia que ele guardava as mensagens que considerava importantes).

– Billie

Não faltei um único dia durante toda a oitava série. Não podia perder um único dia de Andy Levine, mesmo que eu estivesse morrendo!

– Jane

POR QUE ESTAMOS SENDO TÃO SAUDOSISTAS?

Você se lembra de sua primeira atração? Seu primeiro namorado? A primeira vez em que se apaixonou de verdade? Assim como suas experiências com o Perigoso e o príncipe do Sexo, das quais falaremos em breve, essas primeiras experiências a ajudam a viver a grande aventura. Esses "príncipes" – aqueles que você já teve e os que ainda vai ter – compensam a viagem. Você pode pensar: "Sem dúvida, meus tempos com minha primeira Paixão Adolescente foram divertidos enquanto duraram. Mas aquilo já passou, acabou, já era, e aqui estou agora, boiando no mar das solteiras. Por que você quer me lembrar do que já tive? E como o tempo que passei olhando para Andy Levine na oitava série durante a aula de ciências se traduz em desfrutar o perigo e o sexo?"

Em primeiro lugar, se você realmente diz tais coisas, sugiro que tente carreira como redatora de cartões para datas comemorativas.

Em segundo lugar, essa é a beleza desse movimento. Nem tudo é o que parece – há uma profundidade muito maior (e você também pode ser uma pessoa mais profunda). Mais adiante, explicarei por que o Perigoso, o príncipe do Sexo e todos os outros devem ser levados em conta. Por enquanto, deixe-me esclarecer por que a Paixão Adolescente significa mais que apenas olhar para Andy Levine (por mais gato que ele fosse).

O VERDADEIRO SIGNIFICADO DA PAIXÃO ADOLESCENTE

Não tivemos apenas uma queda pela primeira Paixão Adolescente. Tropeçamos e caímos de cabeça contra o armário dele na escola enquanto tentávamos passar por ele, sem demonstrar que estávamos olhando. O que desperta uma paixão tão forte?

Não é muita coisa. Quando perguntei às mulheres entrevistadas por que gostavam dele, suas respostas foram vagas, do tipo: "Achava-o tão bonito e alto – não o conhecia muito bem", ou: "Achava que ele era bom demais para mim", ou, no caso de Ingrid, cuja história do amor adolescente é contada mais adiante neste capítulo: "Ele era um herói".

Esse tipo de amor juvenil é engraçado. Não é tanto uma questão de quem é o rapaz, ou como vocês se sentem juntos, e sim do que ele desperta em você. O menino que foi a Paixão Adolescente de Dahlia estava alguns anos adiantado na escola e lhe mandou flores algumas vezes antes de os dois conversarem pela primeira vez. Dahlia era conservadora, usava roupas sóbrias de tom pastel e tinha os cabelos lisos, soltos nas costas. Rob parecia que jamais penteava a juba, e usava um casaco de adulto, longo, que roçava o chão. Sua rebeldia era atraente a Dahlia. Já Hope descreve o desejo adulto que sentiu ao se apaixonar por um garoto que "era tudo aquilo com que a gente sonha quando é jovem. Alto, bronzeado, bonito, inteligente, atlético... tudo".

A maioria das mulheres entrevistadas cobiçou rapazes mais velhos, talvez atribuindo a eles um papel de consolador e protetor. No caso de Ingrid, sua Paixão Adolescente literalmente salvou uma vida:

Kurt era alto, bonito, engraçado e querido por todos que o conheciam. Era quatro anos mais velho que eu. Fiquei apaixonadíssima por ele no verão em que completei 10 anos de idade. Estávamos fazendo esqui aquático – meus dois irmãos, Kurt e a irmã dele, dois de nossos amigos e eu. Meu irmão caçula caiu e ficou preso sob uma doca. Kurt pulou do barco, que ia a toda velocidade, nadou por debaixo da doca e o salvou. Para mim, bastou – fiquei apaixonada por cinco anos.

O prazer da Paixão Adolescente não é como os prazeres dos relacionamentos posteriores. Não é uma coisa "adulta" – não é uma questão de se preocupar com o bem-estar de uma pessoa que sente o mesmo por você. Não se trata de rir juntos ou rolar na cama. É a primeira vez que você se permite experimentar uma atração em grande escala e verificar como é a sensação disso. Tem a ver com seu prazer pessoal; a Paixão Adolescente em si tem muito pouco a ver com tudo.

"Eu adorava aquele friozinho na barriga", lembra-se uma mulher. "É tão excitante", diz outra. "É aquele sentimento típico da sexta série. É tudo maravilhoso e nada supera!" A Paixão Adolescente envolve a emoção pelo outro – o choque que você sente quando ouve o nome dele, a leveza súbita que sente quando ele passa por você.

E de repente você acorda do sonho. "Não há uma relação física", Billie diz. "Você sente o coração apertado quando o objeto de sua afeição começa a mencionar outras pessoas ou namorar outra." A agonia é essa súbita realidade – e, por fim, você acaba querendo outra pessoa também. "Está sempre fora de seu alcance", diz Hope. "Eu vi quando ele começou a namorar minha prima mais velha", diz Ingrid. "No fim, os dois se casaram."

Todas nós crescemos e nos afastamos de nossa Paixão Adolescente. (Bem, pelo menos deveríamos, mas falaremos disso mais tarde.) Quando somos suficientemente maduras, saímos da situação e deixamos outra pessoa entrar. Billie teve mais de uma Paixão Adolescente; de repente, porém, ela começou a perceber que namorar envolvia mais que sonhar acordada. "Acho que sou a rainha desses relacionamentos unilaterais", explica ela. "Às vezes é mais fácil um amor a distância, mas nem sempre é tão recompensador quanto um relacionamento real. Aprendi a procurar alguém que sinta por mim o mesmo que sinto por ele."

Ingrid, cuja Paixão Adolescente salvou a vida de seu irmão, ainda sente algo pela lembrança desse amor infantil. "Continuo procurando humor em meus relacionamentos e ainda estremeço ao menor gesto de bravura ou cavalheirismo", ela admite.

TEM A VER COMIGO

A Paixão Adolescente envolve um sentimento de paixão tola. Nada tem a ver com o verdadeiro amor ou com os sentimentos profundos e o desejo de entender a personalidade do outro que acompanham tal emoção. E é maravilhoso. A garota está no banco do motorista – e não há passageiros. A Paixão Adolescente nada tem a ver com o objeto do "amor". Tem a ver, isso sim, com os sentimentos da garota, o que a deixa animada, o que a emociona.

As mulheres costumam crer que a primeira "paixonite" significa que elas vão ficar com esse mesmo cara para sempre, ou que ele é o verdadeiro destino delas. Entretanto, a terapeuta Deborah Shelkrot Permut explica que a beleza da Paixão Adolescente não está no fato de que aquele rapaz seja o seu destino, e sim no de que você pode, pelo menos por algum tempo, desfrutar de uma sensação que tem a ver apenas consigo mesma, uma febre, uma paixão internalizada, que não tem relação com a realidade de outra pessoa.

Vale a pena não só se lembrar com carinho da Paixão Adolescente, mas também reviver sentimentos reais pelo homem que você nunca pôde ter. Lembra-se de como você se sentia quando mirava os pôsteres de Tom Cruise ou Matt Dillon na parede? Não faz muito tempo, andei folheando algumas revistas de moda da década de 80, ainda guardadas em meu armário da infância, e me deparei com um pôster de Ralph Macchio colado lá. Não pude conter o sentimento que me invadiu o peito. Não tinha a ver com sexo, mas com o fato de eu estar conectada, ligada naqueles olhos, naqueles lábios. O importante não era conhecer Ralph Macchio em pessoa. Uma amiga minha também descobriu a mesma coisa acerca das "paixonites". Ela tinha uma paixão adolescente incurável por Adam Ant – vocalista de uma banda de sucesso dos anos 80 – e conseguiu ingressos para vê-lo no programa *Saturday Night Live*. Quando ele passou por entre a fila de fãs em busca de autógrafos, parou bem na frente dela. Ela congelou. Seu quarto estava forrado de fotos dele, ela ouvia seus discos no volume máximo; mas, quando o viu bem ali, em toda sua glória e esplendor, não soube o que dizer.

Eu gostei de Sammy a distância durante todo o período do colégio, mas o perdi (se é que um dia o tive) para uma corredora loira de corpo esculturala. (E depois ele a perdeu para o antigo namorado dela, e o ciclo continuou.) Continuamos por algum tempo nos paquerando, nos engraçando aqui e ali. Até que finalmente, num surto adulto, percebi que tinha enjoado daquilo. Eu estava me sentindo sem raízes, e Sammy sugeriu que eu fosse para o Oeste, onde ele e alguns amigos da escola estavam morando. Achei que ele estava me dando um espaço para o qual agora eu estava preparada. Mas, quando cheguei à casa dele, Sammy agiu de modo estranho, mantendo distância, preferindo ficar em casa enquanto eu e os outros íamos passear. Mais tarde, naquela noite, ele me disse que não sentia "aquilo". Olhei-o nos olhos e disse: "Então paramos por aqui. Somos amigos, e chega de indiretas". Ele pareceu assustado, provavelmente não tanto porque eu estava terminando nossa "relação", e sim porque sempre me vira como alguém que viveria flutuando ao redor de seu charme.

Saí, fiz uma longa caminhada pelas colinas assassinas de San Francisco e tentei tirá-lo da cabeça. Por muito tempo, achei que Sammy era um cretino. Hoje, percebo que é um choque para qualquer mulher quando a Paixão Adolescente perde a aura.

Minha amiga perdeu a fala diante de Adam Ant porque a "paixonite" dela tinha a ver apenas com essa aura. Quanto mais velhas e experientes nos tornamos, menos importante se torna a aura, e o namoro começa a parecer uma visita ao médico, com a mulher verificando o pulso do relacionamento e insistindo para que ele cuide melhor de si, tentando animá-lo ou acalmá-lo. O que ganhamos de nossa Paixão Adolescente é o zen da aceitação. "Sammy, ah." Simples assim. Quero me lembrar desse sentimento, usá-lo no futuro. Esse sentimento de paixão adolescente e do momento puro, imaculado.

Certa vez, disse a um namorado que não daríamos certo juntos porque estávamos muito parados, e um relacionamento precisa de dinamismo. Eu era jovem e tola. Não estamos participando da Fórmula 1.

O que não significa que queremos a paixão adolescente o tempo todo. Quando se estende até a idade adulta, a "paixonite" – sentimento que no fundo não envolve a pessoa real – se torna uma obsessão mais perigosa. Segundo a terapeuta Marci Drimer, a obsessão pode interferir de forma drástica na vida de uma pessoa. Drimer já teve clientes que "fazem milhões de telefonemas diariamente, incapazes de se concentrar no trabalho, incapazes de prestar atenção nos filhos, porque vivem em conversas ao telefone com as amigas, falando do namorado, distraindo-se, esquecendo-se de pagar as contas".

Em outras palavras, a Paixão Adolescente totalmente deflagrada não é tão bonitinha assim em fases mais tardias da vida.

Ah, mas quando se é bem jovem...

O homem que é nossa Paixão Adolescente nos ajuda a nos acostumarmos com a ideia do romance sem corrermos perigo e sem nos tornarmos vulneráveis a outra pessoa. Ele é perfeito para as não iniciadas. Quando você está preparada para beijar um garoto, e não apenas seu travesseiro, aí chega o Primeiro Namorado.

Passei por isso e aprendi

Você não quer que todos os seus romances sejam paixões adolescentes, mas algumas qualidades dessa experiência com o romance idealizado são maravilhosas e podem ser preservadas em relacionamentos futuros, mais maduros. Por exemplo, quando você estiver num relacionamento, veja se consegue:

- Voltar aos tempos em que a excitação estava na busca, não na captura. Não se tratava de conquistá-lo, mas de receber um sorriso dele.
- Concentrar-se nos sentimentos. O calor quando você pensa nele, o estremecimento quando a perna dele encosta na sua, a pura alegria de ouvir a voz dele ao telefone.
- Lembre-se de que o que mais conta é a viagem. Quando o veículo para, você desce – inteira e deliciosamente atordoada.

PALAVRAS DE UMA TERAPEUTA

A Paixão Adolescente é o que se chama de *excitação neurótica*, que significa que o sentimento tem a ver com os problemas da mulher, seus conflitos não resolvidos e como o homem se encaixa neles.

– DEBORAH SHELKROT PERMUT, WASHINGTON, D.C.

NOS ENCONTRAMOS NOVAMENTE

Nancy Kalish estava procurando pelo amor perdido e o encontrou. Seu Projeto Amor Perdido, um estudo com 1.500 pessoas que tentavam reencontrar um amor perdido, revelou que 72% dos casais que se reencontraram ficaram juntos. Portanto, quando nos despedimos de nossa Paixão Adolescente, talvez devêssemos dizer: "Até mais tarde!"

N. Kalish, *Lost and Found Lovers: Facts and Fantasies of Rekindled Romances*. Nova York: Morrow, 1997.

A PAIXÃO ADOLESCENTE
RALPH MACCHIO

Caí de quatro por Ralph Macchio quando vi o filme *Vidas sem rumo*. As duas ideias fixas em minha mente eram "Por que a mãe dele não cuida dele?" e "Posso cuidar?". A gente pode se apaixonar por uma pessoa assim, mas será que vale a penar namorar Ralph Macchio, a maior de todas as paixões adolescentes?

Prós
- Ele sabe encerar carros. (Lembra da primeira lição do Daniel-san em *Karatê Kid*?)
- Você pode impedir que ele siga o mau caminho. (Lembra-se dele como um adolescente quase criminoso em *Oito é demais*? O amor dele pela sobrinha de Abby e da família Bradford por ele o trouxe para o lado da luz.)
- Ele é simplesmente um sonho naquela jaqueta de couro, com o colarinho virado para cima. Ai, ai...

Contras
- Você pode nocauteá-lo com uma pena.
- Todo mundo pensa que ele tem 15 anos, mas na verdade ele já tem (cruzes!) quase 50.
- Seu mentor de caratê, o sr. Miyagi, vem junto com o pacote.

TESTE
ELE É SÓ UMA PAIXÃO ADOLESCENTE?

Responda "sim" ou "não" a cada item. Em seguida, verifique sua pontuação para checar se a Paixão Adolescente é para você.

__ 1. Ele me faz rir.
__ 2. Eu sei onde ele mora, mas não tenho certeza se ele sabe onde moro.
__ 3. Já nos beijamos.
__ 4. Quando ouço a voz dele, meu coração começa a bater mais forte.
__ 5. Ele já conheceu meus pais.
__ 6. Ele namora outra.
__ 7. Ele sabe a cor dos meus olhos.
__ 8. Gostaria de me aproximar dele, mas minha língua parece que dá um nó.
__ 9. Eu o descreveria como "um sonho".
__ 10. Ele ocupa bastante espaço no meu diário.

Pontos

1. Sim: 0   Não: 1
2. Sim: 1   Não: 0
3. Sim: 0   Não: 1
4. Sim: 1   Não: 0
5. Sim: 0   Não: 1
6. Sim: 1   Não: 0
7. Sim: 0   Não: 1
8. Sim: 1   Não: 0
9. Sim: 1   Não: 0
10. Sim: 1   Não: 0

0-5 Ele não é apenas uma "paixonite".
6-7 Ele pode ser a Paixão Adolescente. Se é isso que você quer, telefone para a casa dele algumas vezes e desligue quando ele atender.
8-10 Relaxe e aproveite. Ele é só uma Paixão Adolescente, mas às vezes você só precisa disso.

4
O PRIMEIRO NAMORADO

Você se lembra de seu primeiro namorado?

Um metro e oitenta. Óculos. Inteligente. Corredor. Sabia controlar todas as crises. Nossas personalidades se encaixavam incrivelmente bem e nos sentíamos atraídos um pelo outro. Ele ainda é um de meus melhores amigos.

– *Ingrid*

Uau! Ele era demais. Sempre fazia as coisas para mim. Estava sempre por perto. Levava-me aos lugares. Escrevia bilhetinhos. Era sensível (acho que sei por quê: descobri depois que ele era *gay*).

– *Eloise*

Ele tinha 17 anos e tirou a carteira de motorista antes de mim. Era loiro e tinha olhos castanhos. Era meio gordinho, mas um sujeito simpático e educado. O rosto corava facilmente quando ele ficava envergonhado. Também era esportista – jogava tênis muito bem. Meu primeiro beijo foi com ele.

– *Mandy*

Ainda tenho uma foto de Michael, tirada na época em que nos conhecemos, quando éramos calouros na Universidade da Pensilvânia. Nela, ele está esbelto, alto, bronzeado e sorrindo, com um lenço de *rapper* enrolado nos cabelos pretos. Ele era nadador, e eu me lembro de estar sentada na escadaria da biblioteca sonhando com o modo como seu dorso formava um triângulo desde os ombros largos até a cintura pequena.

Michael e eu não tínhamos nada em comum, exceto o fato de nos acharmos mutuamente atraentes. Ele era rico, superficial, gostava de contar piadas com os amigos e falava mal da mãe. A ideia que ele fazia de diversão era gastar muito dinheiro – levou-me para ver *A Chorus Line* na Broadway, um passeio muito caro para jovens de 18 anos. Dizia que almejava uma carreira em banco porque queria ganhar muito dinheiro. Não me lembro de uma única conversa profunda com ele, embora me lembre de cantar as músicas de Cat Stevens a caminho de casa durante uma viagem de trem, tarde da noite. Quando chegamos à nossa estação, um passageiro nos agradeceu pelo entretenimento.

No verão, viajei com amigas e ficamos em uma casa em Cape Cod. Entre os intervalos de acomodar as pessoas nos quartos mais cobiçados, usando meu justo uniforme de *hostess*, escrevia a Michael longas cartas, carregadas de sentimento, sobre a vida, o amor e o futuro – meu, não dele. Não tenho certeza se as enviei; mesmo naquela época, imaginava-o folheando-as rapidamente para encontrar as partes que diziam respeito a ele.

O PAPEL DO PRIMEIRO NAMORADO

Após a excitação da Paixão Adolescente, todas nós estamos preparadas para o Primeiro Namorado. Ele não era perfeito para nós (quem é?), mas faz parte de nossa história.

Antes de eu viajar no verão, Michael queria sair para passear todas as noites. Ele trabalhava numa loja de roupas no centro da cidade e gastava todo seu salário em roupas. Eu queria passar algumas noites com minhas amigas, ou até sozinha, e Michael achava ruim. Para ele, namoro significava proximidade abundante. E também amor – ele terminava toda conversa por telefone dizendo que me amava. Quanto a mim, nunca retribuía a frase. E significava também sexo – quando recusei, ele me largou. Chorei a noite inteira e me senti arrasada por uma ou duas semanas. Lembro-me de ficar me arrastando pela casa de minha mãe, usando apenas um roupão de banho por uma ou duas semanas.

Claro que meu sofrimento acabou algum tempo após eu ter me arrastado para lá e para cá em trajes de banho, enfiando nos bolsos lenços de papel quase decompostos. Afinal de contas, nossa relação nunca foi além de alguns meses de glória superficial por ter sido desejada.

O PRAZER DE MOSTRAR

É uma tautologia – uma repetição sem significado de uma ideia, "correr atrás do próprio rabo", como dizia minha professora de inglês da sexta série, a sra. Santos. Grande parte do atrativo de ter um namorado é... ter um namorado. Enquanto a Paixão Adolescente é uma admiração a distância, o Primeiro Namorado envolve uma admiração mais próxima, mas principalmente porque você pode mostrar às suas amigas. Como foi com a Paixão Adolescente, você está aprendendo muito acerca de si mesma no processo. E aqui o processo inclui o toque físico.

Era divertido ser parte de um casal, ter atenção. Finalmente eu podia fazer as coisas "de casal" que via minhas amigas fazendo. Sair juntos para o cinema. Comprar um presente de Natal para "meu namorado". No Dia dos Namorados, ter um namorado de verdade pela primeira vez.

– *Billie*

A melhor parte era ouvir minhas amigas dizerem: "O namorado de Nancy".

– *Nancy*

Eu adorava dizer às pessoas: "Tenho namorado, ele é mais velho, é popular e sabe dirigir".

– *Vera*

Com o Primeiro Namorado, nós dizemos ao mundo que somos atraentes e cobiçadas, que não somos mais menininhas. E estamos tentando nos convencer disso. Estamos declarando um novo nível de maturidade: passamos da fase de desejar alguém distante para querer uma pessoa perto. Polly se lembra com carinho de "andar de mãos dadas e das maratonas ao telefone. Dormíamos com o telefone na cama e conversávamos durante horas. Era tão meigo e inocente". Grande parte da experiência do Primeiro Namorado, contudo, é a descoberta – e a satisfação – do desejo.

Qual era o prazer de seu primeiro namoro?

Ele foi a primeira pessoa que falou comigo e me tocou como se eu fosse uma mulher. Por mais que eu resistisse – e por menos que o tocasse –, o toque dele foi meu início no mundo excitante e sensual da idade adulta.

– *Jane*

Descobri que eu não era o patinho feio que pensava ser.

– *Ellen*

Tudo era novo, excitante e assustador. Aqueles hormônios são insubstituíveis!

– *Gayle*

O objetivo de ter o Primeiro Namorado é desfrutar um romance e ver a si própria pelos olhos de outra pessoa. Envolve o sentimento de ser desejada e querida. Uma sequência crucial desse desfrute é descobrir do que você precisa e o que quer em um parceiro, embora muitas de nós não consigam ir tão longe com o primeiro homem. Aquelas que afirmam ter conseguido descobriram as seguintes coisas com o Primeiro Namorado:

Nunca me esquecerei de quando estava usando uma camiseta vermelha velha e *shorts jeans*, os cabelos desgrenhados, e notei como ele me olhava. Eu me senti bonita e completamente surpresa por ver alguém achar isso de mim também. Aquilo me fez compreender o poder do amor e perceber que o superficial é só isso mesmo.

– *Dahlia*

Descobri que precisava estar com alguém que não se considerasse intelectualmente inferior a mim. Ele precisava ser confiante nas próprias habilidades e não se sentir intimidado por mim.

– *Melinda*

É importante que os futuros namorados tenham profundidade, honestidade, cérebro, reputação limpa e coragem para dizer se estão namorando outra pessoa. Além disso, nunca rompa o relacionamento em um dia importante, ou você estragará esse dia para ele. Evite fazer isso no Ano-Novo, em datas de aniversário, no Natal. E também – o mais importante – eu me senti envergonhada de verdade, depois, por admitir que o namorava só porque ele era uma "má" escolha.

– *Vera*

Embora o prazer da experiência seja passageiro, há ainda mais (e sempre há) para aprender. Quando tive meu Primeiro Namorado, aprendi algumas coisas surpreendentes sobre mim mesma:

- Não posso ser pressionada. Por pior que me sentisse após o rompimento (e, como era a primeira vez, eu não sabia que *não era* o fim do mundo), nunca pensei em ir para a cama com Michael só para trazê-lo de volta. Sabia que não estava preparada ainda; e hoje, adulta, olhando para meus 18 anos, orgulho-me por ter me mantido firme, quando, na verdade, teria sido muito mais fácil ceder às necessidades dele.
- Gosto da história por trás do romance, da psicologia por trás do namoro, da dança de conflitos de duas personalidades, dos dois conjuntos de força e expectativa. (Talvez seja por isso que resolvi estudar psicologia na Universidade da Pensilvânia. Talvez seja por isso que escrevo livros. Quem poderia saber que essas sementes foram plantadas tão cedo! Agradeço ao meu Primeiro Namorado por sua participação em minha carreira!) Michael ficou sempre pairando à margem de minha vida até eu conhecer meu namorado seguinte. Quando comecei a namorar outro rapaz, minha amiga Lisa se deliciava em falar com Michael sobre meu "fantástico" novo namorado. E – ufa! – Michael sumiu. Achava fascinante ver o modo como ele agia. Enquanto eu o queria, ele ficava por perto, mas dava a entender que não tinha o menor interesse por mim. Quando descobriu que eu não estava mais emocionalmente carente, Lisa observou, seu rosto murchou. Quando o vi de novo, ele estava com uma namorada em volta do pescoço. (Mais tarde, ele a largou; ela e eu nos tornamos amigas. Quem precisa de telenovelas quando a gente pode criar as próprias?) Desde então, nunca mais "apenas namorei". Observo quem telefona para quem e quem se curva para beijar primeiro. Fico de olho em homens que veem o namoro como Michael via; eles querem a mim, ou precisam que eu os queira?
- Sei agora que Michael me influenciou na escolha do tipo de rapaz de que eu julgava gostar. Eu tinha certeza de que queria um homem alto, bronzeado e preferencialmente latino. Mas,

quando pensava em tipo, levava em conta apenas os detalhes da superfície. Por muito tempo, não considerei as coisas importantes – humor, perspicácia – nem as cruciais – gentileza, maturidade e ligação.

E você achava que o Primeiro Namorado servia apenas para aprender a beijar.

O LEGADO DO PRIMEIRO NAMORADO

Além de beijar e de aprender a respeito de você mesma, perceba que todos os "príncipes" deixam um legado. Algo de cada um deles é levado adiante, para o romance seguinte.

O legado do Primeiro Namorado é grande e muito mais importante que o desejo por um tipo físico específico (livrei-me dessa expectativa há muito tempo, aliás; portanto, um homem loiro pode me procurar, sim). O Primeiro Namorado prepara o palco para os amores e as perdas que virão; por isso, seu trabalho já está determinado.

Quero namorar como se cada homem fosse o Primeiro Namorado. Quero sentir aquele orgulho por tê-lo ao meu lado – portanto, é bom que valha a pena. Quero fazer umas checagens comigo mesma, de tempos em tempos. É disso mesmo que estou a fim? Estou sendo sincera? Se a resposta for não para as duas perguntas, quero ter certeza de que posso e devo partir para outra. Quero me lembrar da sensação de beijar pela primeira vez, da intensidade de escrever cartas nunca enviadas, até mesmo daquele sentimento pesado, sufocante, do maldito roupão de banho no meio de uma tarde linda de verão.

Vou namorar enquanto sentir necessidade (e durante toda a minha jornada), e não quero "empurrar com a barriga".

E, se estiver com o sujeito errado, não hesitarei em me afastar dele.

A IMPORTÂNCIA DE SEGUIR EM FRENTE

Mulheres saudáveis aproveitam os detalhes bons do Primeiro Namorado, as coisas que deram certo para elas, e seguem seu caminho com o próximo. No entanto, uma terapeuta de Nova York, Jennie Ackerman, vê muitas mulheres que, em contraste com essa abordagem saudável, "usam o primeiro relacionamento significativo como um paradigma para futuros relacionamentos [...] e fazem escolhas insalubres".

Um exemplo assustador disso é a garota que cresce em meio a um clima familiar de violência ou abuso de substâncias. Nesses casos, diz Ackerman, quando ela desenvolve seu primeiro relacionamento romântico, já está "condicionada" a aceitar o que seria inaceitável para uma garota saudável. Obtém satisfação de um relacionamento que vem com o caos. Seu Primeiro Namorado pode ser verbal ou fisicamente abusivo, beber demais ou ser infiel, mas, como ela nunca dominou nenhum dos problemas que existiam em sua família, não rompe com ele porque tenta, inconscientemente, "acertar as coisas" da próxima vez.

No caso de Billie, ela não sabe ao certo por que entrou num relacionamento abusivo, mas garantiu a si mesma que aquele foi o último (e criou, com isso, seu próprio legado):

> Frequentávamos a escola juntos. Ele era um garoto meio bobão, que morava no quarteirão próximo ao meu, o menino mais alto da escola, que usava óculos "fundo de garrafa". Sua personalidade não era do *nerd* típico, mas parecia, quando nos vimos pela primeira vez. Sempre me ensinaram que eu não precisava de um homem em minha vida, que ninguém deveria me tratar mal. Todos os que me conheciam me descreviam como uma pessoa autoconfiante e tranquila. Nessa relação, porém, eu não conseguia me defender. Tolerava o comportamento controlador dele. Aprendi, por experiência própria, como as mulheres ficam num relacionamento abusivo. Lá estava

eu, uma pessoa que, fora da situação, pensava: como uma mulher pode deixar um homem tratá-la assim? Quando aconteceu comigo, no entanto, era tudo muito diferente. Hoje, não tolero nenhuma espécie de comportamento controlador. Passar aquele tempo com ele também me tornou receosa de acabar caindo em outra cilada semelhante. Por causa disso, tenho a tendência de terminar meus relacionamentos antes mesmo de começarem. É irritante também o modo como algumas coisas que as pessoas dizem permanecem com a gente. Lembro-me de que ele dizia: "Nunca fique gorda".

Se você se vê repetindo o relacionamento com príncipes insalubres, ou se tem dificuldade para se livrar da influência deles em seus futuros relacionamentos, a terapia pode ser uma grande ajuda.

Às vezes, após experimentarmos o romance, passamos ao Primeiro Amor. Às vezes, o Primeiro Amor é também o Primeiro Namorado. O mais comum, porém, como veremos no capítulo seguinte, é que o Primeiro Amor seja aquele homem para o qual o Primeiro Namorado nos prepara.

Passei por isso e aprendi

- Antes de haver um último namorado, tem de haver um primeiro. Bom, mau ou feio, o Primeiro Namorado é o ponto de partida para nossa vida romântica.
- Todo homem é um Primeiro Namorado em potencial. Em vez de ser o primeiro apenas cronologicamente, ele pode ser o primeiro namorado que lê um livro seu, ou o primeiro namorado que viaja com você à Ásia. Seja como for, procure essa jovialidade, essa intensidade.
- O Primeiro Namorado pode nos ensinar que precisamos olhar além do tipo físico. Claro, pessoalmente adoro altos e bronzeados, mas inteligentes e gentis me levam mais longe.

PALAVRAS DE UMA TERAPEUTA

A maioria das jovens escolhe o primeiro namorado por motivos fúteis e físicos. A primeira atração é física, e a segunda é o *status* (ele é o astro do futebol na escola? Tem carro?). Algumas garotas revivem as questões familiares e só param quando se tornam conscientes do que estão fazendo. A maioria muda de objetivo aos 20 e poucos anos. Algumas mudam aos 30 e poucos, e algumas mulheres de 40 e poucos mantêm os mesmos critérios fúteis para a escolha de namorados.

— LISA SLADE-MARTIN, WASHINGTON, D.C.

SOBREVIVENDO AO PRIMEIRO NAMORADO

Você sabia que era uma montanha-russa, mas tinha noção de que passar pelo primeiro relacionamento era uma conquista? Os sociólogos Kara Joyner e J. Richard Udry procuraram conexões entre o *status* romântico e o psicológico dos adolescentes e descobriram que os jovens apaixonados ficavam ligeiramente mais deprimidos. Os níveis de depressão eram mais altos entre as garotas. Alguns dos motivos pelos quais a excitação do Primeiro Namorado pode doer demais são as brigas que as adolescentes têm com seus pais por causa do namoro e a possibilidade de que o amor para as jovens venha acompanhado de uma queda na autoestima, porque elas se preocupam demais em impressionar o homem que amam.

O amor pode ser grandioso, mas é fato comprovado que a primeira experiência é também muito difícil. Bem-vinda à idade adulta!

Cornell University News Science, "Puppy Love's Dark Side: Study of Love-Sick Teens Reveals Higher Risk of Depression, Alcohol Use and Delinquency", 21 de maio de 2001. Disponível em: <http://www.news.cornell.edu/releases/May01/teenlove.ssl.html>.

O PRIMEIRO NAMORADO
JUSTIN TIMBERLAKE

Britney Spears trocava olhares com Justin Timberlake, do 'N Sync, na época do *Clube do Mickey*. Mas foi dois anos depois, quando os dois largaram as orelhas de rato e cresceram (um pouco), que eles começaram a notar um ao outro. Justin foi o primeiro namorado de Britney. Depois, alguém traiu alguém, Justin lançou seu primeiro álbum solo com a amarga canção-título "Cry Me a River", Britney saiu do *showbiz* por um ano, de férias, e Justin dançou em cima das mesas com Cameron Diaz. Você encararia o drama?

Prós
- Ele pode cantar para você e dançar como só ele sabe.
- Talvez ele escreva uma música sobre você.
- Provavelmente você poderá entrar na Disney World de graça.

Contras
- Você aguenta um "filhinho de mamãe"? Consegue lidar com a sogra sabendo *todos* os detalhes de seu relacionamento?
- Ele vive dizendo que sempre amará Britney. Sai dessa, garoto.
- Ele abandonou a Britney e saiu do 'N Sync. Não parece ser muito leal.

TESTE
VOCÊ O TRATA COMO PRIMEIRO NAMORADO?

Responda "sim" ou "não" a cada item. Depois, verifique sua pontuação para saber se ele é o Primeiro Namorado.

__ 1. Fico agitada quando me encontro com ele, mas ele não sabe.

__ 2. Gosto de citar o nome dele nas conversas. Com frequência. Geralmente precedido de "meu namorado".

__ 3. Falamos por horas ao telefone.

__ 4. A excitação de nosso relacionamento é tanta que nos esforçamos para não tirar logo a roupa.

__ 5. Costumo furar com minhas amigas para sair com ele.

__ 6. Imagino-me casando com ele um dia – e já lhe disse isso.

__ 7. Nosso relacionamento inclui aquelas coisas – ilegais, imorais ou que engordam – que eu jamais teria coragem de fazer sozinha.

__ 8. Ele é melhor para mim na minha cabeça que na realidade.

__ 9. Perdemos a noção do tempo quando estamos nos beijando.

__ 10. Sempre me lembrarei dele.

Pontos

1. Sim: 0   Não: 1
2. Sim: 1   Não: 0
3. Sim: 1   Não: 0
4. Sim: 0   Não: 1
5. Sim: 1   Não: 0
6. Sim: 0   Não: 1
7. Sim: 0   Não: 1
8. Sim: 1   Não: 0
9. Sim: 1   Não: 0
10. Sim: 1   Não: 0

0-5   Parece mais a Paixão Adolescente, o Perigoso ou até o Primeiro Amor.

6-7   Ele pode ser seu Primeiro Namorado.

8-10   Pois é, você está mostrando todos os sinais. Diga em voz alta e com orgulho: "Ele é meu *namorado*".

5
O PRIMEIRO AMOR

Nosso Primeiro Amor acontece quando as coisas se encaixam. Passamos da agitação de ver uma pessoa (sem tocar) e do delicioso direito de anunciar e chamar alguém de "meu namorado" para um relacionamento no qual de fato nos apaixonamos. Claro, sou suspeita, mas vejo meninas caindo de quatro por seus amores de escola, que também se apaixonam por elas, e logo em seguida eles já estão arrastando os filhos para a Disney World. E penso: "Qual é a diversão disso?"

Meu professor de inglês da oitava série, Tek Young Lin, dizia a seus alunos que o bem não existe sem o mal. Essa ideia parecia injusta na época, mas ele tinha plena convicção disso, e nos demonstrava o equilíbrio colocando dois alunos de costas um para o outro e explicando que, se o mal desaparecesse, o bem cairia. O que Lin queria dizer é que, se não tivermos o mal, como poderemos reconhecer o bem? E no caso do amor, sem a jornada, como poderemos reconhecer o destino?

Valeria a pena tirar a espada da pedra, se não estivesse encravada tão profundamente? A alegria da jornada de encontrar seu Primeiro Amor é tão deliciosa e difícil de obter como uma caneca de chocolate quente perfeito, com uma camada de chantili por cima. Lamento por qualquer pessoa que tenha se casado com o amor dos tempos de colégio sem jamais ter provado as pequenas, frias e doces libações antes.

Lamentei a perda de Sammy e me achava no direito de me gabar de Michael. De repente, conheci Matt e me apaixonei. Saí do elevador em meu dormitório na faculdade e caminhei pelo *hall* que dava em meu apartamento. "Com licença", uma voz disse, por trás. Virei-me para contemplar o dono da voz, membro de uma daquelas fraternidades infantis em suas missões confusas, que disse: "Minha fraternidade vai realizar uma festa formal e um amigo meu precisa de uma acompanhante. Você toparia?" E eu, lisonjeada e ingênua, respondi: "Claro!" Meu parceiro, um garoto magro e sorridente, foi ao baile com um preservativo na carteira, mas foi completamente respeitoso. Conheci seus amigos à mesa, comi e dancei com eles até o amanhecer. Fomos de táxi para casa e, quando me deixaram, aproximei-me de meu companheiro magro e sorridente, dei-lhe um beijo delicado e agradeci. Mas foi seu amigo, Matt, que havia ido ao baile com sua namorada esporádica dos tempos do colégio, quem me ligou depois. Disse-me que ficara impressionado com o modo como eu havia levado o baile a sério e beijado seu colega por gentileza. Falou-me também do conteúdo da carteira do rapaz e de como aquela noite lhe havia sido importante, independentemente do resultado. Convidou-me para ir ao cinema, e me sentei ao lado dele, mal o tocando, na exibição do filme *Pumpkinhead* (um filme de terror ridículo, cujo protagonista tinha a infeliz capacidade de tirar uma enorme abóbora de cima dos próprios ombros), pensando nele ao meu lado. Era uma sensação excitante, que eu não havia sentido na noite da festa, e quando Matt me beijou após a longa caminhada pelo *campus*, algumas noites depois, apoiados como estávamos em uma cerca de correntes, senti que fogos de artifício estouravam dentro de mim.

OS ESPLENDORES DO AMOR

Quando eu era pequena, perguntava à minha mãe por que tantas canções no rádio falavam de amor. "É o que faz as pessoas cantarem", ela me dizia. Era assim que eu me sentia com Matt. Estar ao lado dele, conversando abertamente sobre a vida e nosso lugar nela, beijar e concluir que era bom, querer ouvir as ideias e esperanças dele me fazia explodir em música (e dança) quando estava de volta em meu dormitório. Era inebriante e, ao mesmo tempo, me dava força. Acho que nunca fui levada tão a sério quanto Matt me levou. Tinha 19 anos e estava desorientada; infeliz numa faculdade onde todos pareciam mais interessados em beber e, um dia, ganhar tanto dinheiro quanto Donald Trump do que em mudar o mundo. Meus pais insistiam que eu me concentrasse na meta final, que era a formatura, mas o que eu queria mesmo era sair do curso. Num sábado à tarde, no inverno, ofereci-me como voluntária para servir sopa quente aos pobres. A diferença entre a dignidade dos moradores de rua, exaustos, que entravam meio cambaleantes no local para fazer sua única refeição do dia, e a postura mortalmente aborrecida dos garotos privilegiados com quem eu estudava foi algo que me marcou profundamente. Fui para casa à noite e comentei com Matt a respeito dos homens. Um deles tinha dito ao outro: "O Natal está chegando", ao que o segundo retrucou: "Qualquer dia com comida é Natal". Matt escreveu a frase em um pedaço de papel e a colou na parede. Senti-me incrivelmente grata a ele por se importar.

Senti-me compreendida e desejada. E meu mundo mudou. Era incrível. Eu pensava que sair da Filadélfia era o único meio de ser feliz novamente. Agora, de repente, estava feliz ali mesmo, onde me encontrava. Embora o melhor cenário fosse sair da faculdade e viajar pelo país com Matt num velho conversível, estávamos longe dessa possibilidade. (Éramos tão precavidos, na verdade, que houve uma noite em que não tingimos nossos cabelos de azul, como gostaríamos, porque no dia seguinte tínhamos entrevista de emprego.) Meus pais não tinham ideia dos dividendos que seus cheques para a universidade estavam pagando. E eu aprendia muito: a pensar nas necessidades dos outros e a desfrutar o profundo senso de satisfação que vem dos desafios enfrentados; a expressar minhas necessidades e a fazer concessões para que nossas diferenças fossem superadas; a sair da casa da fraternidade logo pela manhã sem ser vista pelos outros.

MAIOR É A QUEDA

Claro que os cínicos dirão que, quanto maior o sentimento, maior a queda. E a menos que você fique com seu Primeiro Amor pelo resto da vida, o fim chegará, cedo ou tarde. Matt e eu nos separamos e voltamos repetidas vezes durante a faculdade até nosso último ano, quando ele colou uma rosa em minha porta e disse que precisávamos conversar. Queria se casar comigo. Estava disposto a se converter ao judaísmo e a pedir a permissão de meu pai; poderíamos até nos mudar para Israel se eu quisesse (eu tinha voltado de um semestre passado no exterior, apaixonada por aquele país). Fiz a pior coisa que alguém poderia fazer, segundo os conceitos de Matt: ri dele. Casar? Tínhamos apenas 21 anos. Casar? Do tipo juntos para sempre, ter filhos, comprar uma casa? Ele saiu zangado, e foi a última vez.

Muitas mulheres, porém, têm o coração partido a primeira vez que o entregam a alguém. Várias delas me falaram da agonia do rompimento:

> Ele disse que estava me deixando porque eu não queria ir para a cama com ele. Eu era muito nova e não estava preparada. Ele disse que nossa relação não estava "levando" a lugar algum. Não entendi por que deveria levar. Para mim, estava tão bom daquele jeito!
> – *Vera*

Ele foi minha paixão da escola e eu era a rainha de seu mundo; tudo o que eu queria bastava pedir. Mas ambos precisávamos desesperadamente crescer. E como estávamos juntos havia tanto tempo, tínhamos medo de mudar pelo risco de que o outro não aceitasse. Havia tanto drama em ficarmos juntos e era tão doloroso nos separarmos. Parecia o fim do mundo.

– *Hope*

Tomei um avião e fui me encontrar com ele – de ótima, a aventura virou um desastre. O momento exato em que percebi que tinha acabado foi quando estávamos no cinema e eu pus a mão na perna dele. Ele não se mexeu, não me olhou, não se aproximou, não fez nada. Fiquei sentada ali por uns trinta segundos, tirei a mão e não prestei mais atenção no resto do filme. Não trocamos uma palavra enquanto ele dirigia de volta para a casa dos pais. Eu tinha ainda dois dias antes de voltar e sabia que precisaria expressar meus sentimentos. Arranquei uma página em branco de um livro que encontrei no andar térreo da casa e escrevi cada palavra do fundo de meu coração que pudesse descrever o que eu sentia. Fomos de carro ao aeroporto, e eu dei a folha a ele. Ele me deu uma foto com a frase "Foi pena que não deu certo" escrita atrás. E foi isso. Subi no avião chorando. O pobre idoso sentado ao meu lado deve ter pensado que eu estava tendo um colapso nervoso.

– *Natalie*

ROMPER NÃO É O FIM

Este é o momento em que conclamo as cansadas, as amarguradas e as exauridas. Enquanto elas lambem as feridas e mostram um sorriso amarelo, vejo-as diante de mim se perguntando por que, afinal de contas, despertei lembranças tão dolorosas. Esqueceram-se de como eram ingênuas e crédulas, e é melhor assim. Não querem se lembrar de como era amar tanto a ponto de, quando tudo acabou, se sentirem como o Coiote do desenho animado, que corre para fora do penhasco e percebe que não tem mais chão onde pisar.

Tenho duas escolhas: posso ser filosófica – oferecer a essas mulheres cansadas e sofridas um chá de jasmim e uma almofada fofa, com um gatinho deitado em cima, e falar com elas usando uma voz suave, bem baixinho. Ou posso fazer o que deve ser feito: dizer-lhes que saiam dessa.

É como o bem e o mal, costa a costa para que um sustente o outro: apaixonar-se profundamente e se acomodar nessa situação, combinado com a vulnerabilidade que a acompanha. Quando você se apaixona, precisa aceitar a probabilidade do rompimento.

Não acredito em "oh, pobre de mim", e não acredito em escolhas erradas. Cada ferida psíquica sua corresponde a uma minha, igual. Quer comparar e ver o retrato da dor? Olhe minhas fotos de um mês após meu noivo ter cancelado nosso casamento – estou tão magra que as clavículas fazem um vale profundo, que parecem capazes de segurar a água da chuva. E daí?

Nossa crença de que sempre há vitoriosos e vítimas é exatamente o terreno fértil necessário para que o casamento pareça uma marca de sucesso. Ele ama você! Você o ama! Você ganhou! Talvez o tenha conhecido cedo e nunca vivenciou a dor de uma separação. Ou talvez tenha superado a adversidade (despedindo-se dos príncipes que não queriam mais ficar com você – que horror!) e conquistado o prêmio.

O casamento não é o Santo Graal, e o rompimento não é o fim do mundo. O Primeiro Amor é tão importante dez ou vinte anos depois quanto no passado. Com o tempo, superamos a dor e permanecemos com a lembrança dos melhores momentos – de Matt e eu em nossa juventude torturada, uma fase da vida que nunca (graças a Deus) poderá ser recriada. Procurei Matt no Google e descobri que ele é professor de inglês numa faculdade no Centro-Oeste dos Estados Unidos. O sorriso e as sardas são os mesmos. Diferente é a aliança de ouro na mão esquerda. Loucamente nostálgica como costumo ser, quis enviar-lhe um *e-mail* e agradecer pelas lembranças que se despertaram em mim. Mas pensei melhor. Basta me lembrar dele a distância. As lembranças são preciosas, e, assim como os momentos lembrados com outros príncipes, sinto-me muito feliz por tê-las.

Nosso próximo príncipe nunca é uma lembrança: fica com você para sempre. É o Melhor Amigo.

Passei por isso e aprendi

- A ligação profunda com outra pessoa abre o mundo para você.
- Amar vale a pena, mesmo que, no processo, você tenha seu coração despedaçado.
- Você pode sobreviver a um coração partido; e, sim, é melhor ter sido convidada a dançar do que ficar parada rente à parede.
- Pare de se lamentar sobre as dores antigas e canalize-as para passar por experiências cada vez melhores.

PALAVRAS DE UMA TERAPEUTA

Frequentemente, nossa escolha de um primeiro amor mostra que estamos tentando satisfazer necessidades nunca antes satisfeitas ou, ao contrário, seguindo um padrão com o qual nos sentimos confortáveis. As pessoas costumam repetir padrões de comunicação que viram em suas famílias. Isso pode ter um efeito profundo nos relacionamentos futuros.

— MIRIAM STERN, CHERRY HILL, NEW JERSEY

SEU PRIMEIRO AMOR FICA COM VOCÊ

O modo como você se lembra de seu Primeiro Amor pode afetar fortemente sua habilidade para se relacionar no futuro. Essa é a hipótese da estudante pós-graduada pela Universidade da Califórnia em Berkeley, Jennifer Beer. Ela coletou histórias do primeiro amor de 303 estudantes de graduação de Berkeley e identificou quatro padrões de percepção em torno dos relacionamentos:

- Segura: um senso positivo tanto de si mesmo quanto do parceiro na relação.
- Desinteressada: um senso positivo de si mesmo, mas não do parceiro.
- Preocupada: um senso positivo do parceiro, mas não de si mesmo.
- Temerosa: lembranças negativas de ambos.

Beer observou que aqueles que têm boas lembranças do Primeiro Amor eram mais passíveis de ver tanto a si próprios quanto aos parceiros subsequentes sob um prisma mais positivo. Esse resultado faz sentido – se você se apaixona por um Primeiro Amor que acaba se revelando um idiota, é muito mais difícil confiar em si mesma da próxima vez. E da vez seguinte. Portanto, lembre-se do que é bom no Primeiro Amor – e, mais importante, seja gentil em suas lembranças de si mesma desde aquela época. Isso a ajudará a aproveitar melhor os momentos com os próximos príncipes.

K. Scalise, "After the Breakup, Your 'First Love' Never Really Leaves You, According to Student Research at UC Berkeley", UC Berkeley media release, 7 de fevereiro de 2001. Disponível em: <http://www.berkeley.edu/news/media/releases/2001/02/07_love.html>.

O PRIMEIRO AMOR
PRÍNCIPE CHARLES

Diana tinha 19 anos e era tímida quando o príncipe entrou a galope em seu coração e em sua vida. Ele a pediu em casamento e lhe deu uma safira de dezoito quilates, e milhões de pessoas no mundo assistiram à cerimônia. Aonde esse primeiro amor virginal a levou? Você quer um príncipe para chamar de seu, mas namoraria Charles?

Prós
- Você vai morar em um castelo de verdade.
- Terá a oportunidade de acenar friamente ao público.
- Conseguirá atenção para suas instituições de caridade favoritas.

Contras
- Ele é filhinho de mamãe.
- Nunca teve um emprego de verdade.
- É incapaz de demonstrar emoção.

TESTE
QUAL É A IMPORTÂNCIA DO PRIMEIRO AMOR PARA VOCÊ?

Responda "sim" ou "não" a cada item. Depois, verifique sua pontuação para saber se você compreende a importância do Primeiro Amor.

___ 1. Esqueci-me completamente do nome dele.
___ 2. Ninguém se compara a ele, até hoje.
___ 3. Dói demais pensar nele.
___ 4. Não ficamos juntos por muito tempo, mas as lembranças permanecem.
___ 5. Aprendi a beijar – já basta.
___ 6. Gostaria de voltar e dizer a ele que sinto muito.
___ 7. Tenho medo de só escolher homens como ele.
___ 8. Ele era um idiota, e prefiro não falar disso.
___ 9. Ainda tenho cartas de amor dele em uma caixa no guarda-roupa.
___ 10. Ainda tenho o número dele na discagem direta do telefone. Só por precaução.

Pontos

1. Sim: 0	Não: 1	6. Sim: 0	Não: 1
2. Sim: 0	Não: 1	7. Sim: 0	Não: 1
3. Sim: 0	Não: 1	8. Sim: 0	Não: 1
4. Sim: 1	Não: 0	9. Sim: 1	Não: 0
5. Sim: 1	Não: 0	10. Sim: 0	Não: 1

0-5   É importante colocá-lo no devido lugar: no guarda-roupa ou no fundo da memória. Ele foi apenas um dos muitos homens que surgiram e surgirão.

6-7   Você está quase lá. Dê a ele um pouco menos de poder sobre seu futuro.

8-10   Você sabe a importância do Primeiro Amor: uma boa e tênue lembrança e um trampolim.

6
O MELHOR AMIGO

HARRY: Um homem não pode ser amigo de uma mulher que ele acha atraente. Sempre vai querer transar com ela.
SALLY: Então, você está dizendo que um homem pode ser amigo de uma mulher que ele não acha atraente?
HARRY: Não. Logo, dá vontade de transar com ela também.

Harry e Sally, 1989

Os homens concordam com esse sentimento já clássico, enquanto as mulheres balançam a cabeça, sem concordar. Claro que o homem pode querer outra coisa, mas, se a mulher deixa claro que não quer, uma amizade puramente platônica é possível, *sim*.

Você pode não pensar em incluir os Melhores Amigos na categoria de príncipes; mas, se fizer isso, perderá lições importantes na vida. O fato é que os homens podem ser amigos interessantes, e um relacionamento de boa amizade sem sexo e romance pode ser uma experiência divertida e valiosa.

"Você sabe como é", disse Eloise, a respeito de seu Melhor Amigo:

Confiável, sincero, sempre por perto quando você precisa. Sempre me ouvia, era uma pessoa fantástica. Éramos muito parecidos e nos conhecíamos bem. Nunca senti aquele *quê* especial quando ele me tocava. Foi assim que percebi como seria nossa relação – o que era até um pouco triste, pois ele seria um ótimo namorado.

ELES ESTÃO EM TODA PARTE

Geralmente há cinco categorias de Melhor Amigo:

O amigo *gay*

Eloise namorou um sujeito adorável, que sempre colocava as necessidades dela em primeiro lugar. "Sempre gostei das jujubas cor de laranja, e ele me dava todas", ela se lembra. De repente, percebeu que a gentileza dele se limitava a isso, e suas atenções românticas focavam... outra coisa. O Melhor Amigo dela fazia parte de uma subseção especial de melhores amigos. Parafraseando Jerry Seinfeld, se o homem é um solteiro de 30 e poucos anos, magro e organizado, as chances de ele jogar no seu time são muito baixas. Odeio clichês e estereótipos, mas no mundo das comédias de situação, ele é *gay*. (Não que isso seja um problema.) Eloise namorou seu Melhor Amigo *Gay* antes de perceber que não daria certo, mas muitas de nós sabem logo de cara o que vai acontecer, e aproveitam a melhor da amizade, sem o sexo.

Robert é meu melhor amigo. Conversamos sobre tudo e paqueramos os mesmos homens. Eu poderia dizer que ele é como minha amiga favorita – fazemos compras juntos e damos risada –, mas não seria justo. Ele é homem, e quando me abraça ou me diz que estou bonita, adoro, porque é uma atenção do meu homem favorito. Que, por acaso, é *gay*.

– *Lori*

Ele é valioso, sem dúvida – uma fonte de discernimento sobre os homens e a paixão comum por eles, ao mesmo tempo séria e inconsequente –, tudo sem a tensão sexual.

O que só podia ser o Melhor Amigo

Claro que um homem não precisa ser *gay* para que a relação seja estritamente de amizade. (Por que isso é tão difícil de entender? Por que as pessoas me perguntam se meu noivo era *gay* quando rompemos, como se essa fosse a única razão para alguém terminar com a noiva duas semanas antes do Grande Dia? Mas, enfim, para responder: não, ele não era.) O mundo está cheio daqueles que só podem ser Melhores Amigos – colegas de trabalho, membros do clube de tênis e todos aqueles sujeitos que você conhece desde os tempos da escola.

Minha felicidade estaria comprometida se eu não tivesse Larry (dezoito anos de amizade), Tino (dezessete anos) e Brog (nove anos) com quem conversar. O problema não sou eu nem são eles – nem me lembro de todas as namoradas que Tino, Larry e Brog tiveram no decorrer destes anos –, somos todos nós.

Veja, por exemplo, Tino. Ele está sempre me agraciando com suas histórias sobre a habilidade que tem para atrair mulheres. Recentemente, esteve em um *show* e uma mulher que estava ao lado acidentalmente esbarrou nele com o cigarro. Virou-se para se desculpar, apesar da música alta. Tino disse que, quando o rosto dela tocou o dele, teve de beijá-la. E beijou. Sem uma única palavra. E foi um beijo demorado. Ela vai visitá-lo em sua cidade na semana que vem. Anos antes, outra mulher, namorada de longa data, saiu correndo após ele ter rompido com ela. Desceu as escadas do prédio onde morava e, para horror de Tino, se ajoelhou na rua e começou a bater a cabeça no chão. Todas as mulheres que ele namorou lhe telefonam, às vezes ao longo de anos, para perguntar se ele gostaria de tentar novamente. Entretanto, Tino e eu já concluímos que, se fôssemos as últimas pessoas sobre a terra, a raça humana desapareceria. Nem a ameaça de extinção nos faria ir para a cama. Não há fogo entre nós, apenas amizade. Larry, Tino e Brog são como minha família. É uma posição confortável, que Sally compreendia, mas da qual Harry nem tinha noção.

Podemos ser apenas amigos?

Às vezes, um homem se apaixona por você, e o sentimento não é recíproco. Mas isso significa que é preciso terminar o relacionamento de uma vez por todas? Não necessariamente. Em alguns casos, quando não em todos, é possível que ele aceite ser apenas o Melhor Amigo, pelo menos por algum tempo.

O Melhor Amigo pode ensinar uma valiosa lição – nem todos os encontros com um príncipe têm de ser românticos, e nem todo homem que se apaixona por você tem de ser beijado. Às vezes, o sapo permanece sapo.

> Aprendi que, mesmo que uma pessoa tenha todas as qualidades que você procura, pode não ser apropriada para você. Não se pode forçar a paixão. Se ela não existe, não existe.
> – *Beth*

Conversávamos sobre tudo. Ele me passava o ponto de vista masculino sobre as coisas. Nada havia nele que eu não gostasse; ele será um bom marido para alguma mulher, um dia. Mas nos beijamos uma vez, e eu comecei a rir e disse: "Se eu tivesse um irmão, beijá-lo seria assim". Ele ficou decepcionado, mas gostou de minha sinceridade! Ainda somos amigos, dez anos depois.
– *Sarah*

É o outro lado do romance de contos de fadas: ele é alto, bronzeado e bonito, escuta o que digo e beija como... meu irmão. Percebeu a bolha estourar? É a entrada do príncipe "Podemos ser Apenas Amigos?" – o sujeito que você adora, mas não lhe desperta nenhum sentimento romântico.

Ah, mas nós já passamos por isso também, não passamos? Todas já tivemos um amigo que gostaríamos que nos notasse. Eu tenho um. Será que ele não vê que nos damos tão bem? Conheço-o há muito tempo, e nenhuma de suas namoradas foi boa o suficiente para ele. Ele não percebe o bem raro que temos: os risos, o companheirismo? Acho que sei a verdade: ele vê o que eu vejo, e está perfeitamente satisfeito em manter o relacionamento platônico. (Suas namoradas são muito mais estilosas que eu, aliás. Se possuir Jimmy Choos ou Manolo Blahniks é parte inegociável de uma relação com ele, então, sim, é melhor sermos apenas amigos!)

Não há nada mais cruel do que uma atração sexual unilateral, quando você perde o fôlego e ele está ali, sentado do outro lado da mesa sem perceber nada (ou pelo menos fingindo educadamente que não percebe), e, em vez de dizer as palavras que você tanto quer ouvir, que sente o mesmo por você, e por que diabos vocês não falam logo o que sentem, ele só pede: "Me passa o sal?"

Já ponderei os dois lados aqui, sozinha e com amigas: a opção de abrir o jogo e declarar meus sentimentos ("Bem, falando de sal e de outros temperos na vida...") e o terrível silêncio que se seguiria *versus* ficar de boca fechada e aproveitar nossa amizade como sempre, platônica. Sempre escolho a última alternativa. "Toma", digo, e passo o sal. De um jeito bonitinho. Claro que nesses momentos críticos sempre fui eu quem pediu o sal, e acho que os dois lados conhecem os procedimentos. Não há motivo para estragar uma excelente amizade. Nunca vi uma mulher ou um homem que fosse capaz de argumentar com outra pessoa para desenvolver química sexual.

Dane-se a tensão sexual

E mesmo quando os dois sentem essa química, às vezes não passa disso. Lembra-se da música de Howard Jones, "No One Is to Blame"? Achava que era a música mais triste do planeta. Por que os dois não conseguiam fazer funcionar a atração que sentiam? Agora, com mais de 13 anos e, espero, mais sábia, já vi várias situações em que é necessário se afastar. Às vezes, ele tem de ser o príncipe "Dane-se a Tensão Sexual, Vamos Ser Amigos", mesmo que seja difícil.

> Eu amo o marido da minha melhor amiga. Literalmente amo. Nós chegamos a completar as frases um do outro. Se os dois não estivessem juntos, eu daria em cima dele.
> – Jackie

Mas eles estão juntos, e você ama sua amiga e não quer saber do príncipe Adultério (ou pelo menos não deveria querer). Ou então ele mora fora do país e só volta para casa a cada seis meses. A tensão é deliciosa, você se sente viva, mas os ganhos não compensam o tormento de uma relação a distância, e você não o quer como príncipe do Sexo.

Não que seja fácil ser amiga do príncipe Dane-se a Tensão Sexual. É algo que requer força de vontade, maturidade e bom-senso para não fugir, para continuar com a amizade e mantê-la assim. Que bom para você!

Príncipe da família

Nem seria preciso dizer que a tensão sexual não é problema aqui (e, se for, você precisa de outro tipo de livro). Meu irmão sempre fala comigo com sinceridade e me faz rir como ninguém mais. E, com um pouco de aprendizado de sua doce mulher, passou a me elogiar. Quando era criança e apaixonada pelos meus primos mais velhos, eu esperava secretamente que fosse possível me casar com um membro da família. Já adulta, um primo me telefonou ao saber que meu noivo e eu havíamos rompido, para me garantir que a melhor maneira de superar a dor seria uma viagem a Las Vegas, sozinha. Na ocasião, eu estava ficando na casa de uma amiga, dormindo em um *futon*; ouvindo a voz dele, segura e forte, acabei conciliando o sono. Familiares do sexo masculino podem ser amigos muito importantes na vida, que não devem ser ignorados ou negligenciados.

PODER PLATÔNICO

Gay, hétero, membro da família, o Melhor Amigo nos ajuda a lembrar de que nem tudo na vida é sexo. Parece uma lição simples, mas em nossa sociedade exageradamente sexual, onde toda menina de 11 anos tem a necessidade de expor a barriga com *jeans* de cintura baixa, escolher um relacionamento não sexual com um homem é uma mensagem de poder. A vida – e seus príncipes – é uma salada mista, e sou a favor de comer tudo, em vez de ficar apenas segurando o prato. Mas minha mensagem não deve ser confundida com um grito de guerra para correr para a cama.

Sou uma grande fã da escritora Dalma Heyn, e há uma mensagem dela que gostaria de colocar em *outdoors* pelo país todo:

> Em nossa condição feminina, nosso senso de identidade está integralmente ligado a nossos relacionamentos; sentimos um imperativo moral de iniciar e manter relacionamentos; é nosso papel, e nossa autoestima tem muito a ver com a capacidade de agir assim. Nossos medos, sugerem todos os estudos conduzidos, giram em torno de um único tema: a ameaça da perda.[1]

---

[1] D. Heyn, *Marriage Shock: The Transformation of Women into Wives*. Nova York: Villard, 1997, p. 157 (ed. bras.: *Complexo de Amélia: guia para evitar as armadilhas no casamento*. São Paulo: Mercuryo, 2001).

Justamente por isso, o Melhor Amigo é tão importante – nossa vida pode, e deve, envolver mais do que o triunfo sexual, mais do que conquistar aquele rapaz e ganhar um anel de ouro (ou de diamante). Se percebermos que possuímos um valor inato independente da conquista, jamais nos sentiremos ameaçadas pelo medo da perda.

Eu namorava, e contava ao meu amigo coisas que normalmente diria às minhas amigas. Acho que o principal motivo pelo qual não o considerava o homem ideal para mim era porque havíamos começado como amigos, e eu não queria misturar os limites entre amigo e namorado. Mas ele tem também uma incrível natureza protetora, quase excessiva. É quase como se precisasse cuidar sempre de alguém. Quando me disse que gostaria que fôssemos mais do que amigos... tive de lhe dizer que não nos via assim. Fiquei com tanto medo de magoá-lo que chorei, enquanto lhe explicava... O que percebo é que a gente não precisa namorar todo cara que aparece. E ele não era mesmo o tipo de homem que eu gostaria de namorar.

– *Natalie*

Que exemplo de autoconhecimento! Os príncipes nos ajudam a nos conhecermos melhor, independentemente do tipo de relacionamento.

Nunca gostei da expressão "apenas amigos", como se a amizade com um homem não merecesse atenção. Todos os príncipes merecem atenção, e muitos por motivos que nem pensamos. Isso se aplica até mesmo ao príncipe Mais Novo – que abordaremos em seguida –, o homem que gostaríamos de ninar, se pudéssemos.

Passei por isso e aprendi

- Os amigos são preciosos. Não precisam ser nada mais que isso.
- Um pouco de tensão sexual não faz mal – mesmo que só um dos dois a sinta.

- É natural amarmos os homens, e não só por razões românticas.
- É valioso ouvir o ponto de vista masculino e desfrutar o companheirismo dos homens, sem compromisso sexual.

> **PALAVRAS DE UMA TERAPEUTA**
>
> Já ouvi repetidas vezes que, por meio da conversa de uma mulher com irmãos e amigos homens, ela consegue ter uma perspectiva de como eles pensam e como veem as mulheres. Só por isso, a amizade com homens já é valiosa. Além disso, quanto mais amplo seu círculo, maior será sua experiência.
>
> – JENNIE ACKERMAN, NOVA YORK

FAREJANDO OS AMIGOS

Procuramos pessoas com uma mentalidade parecida com a nossa na hora de escolher os amigos, mas quem diria que o olfato é importante? Carol Ober diria. Ela e seu grupo de pesquisa na Universidade de Chicago pediram a mulheres que cheirassem camisetas com dois dias de uso e descobriram que elas preferiam homens cujo cheiro era parecido com o dos pais delas. E não só para amantes. Para amigos, também. Isso pode ter alguma relação com nosso desejo de cuidar dos membros de nossa família.

O que me leva a pensar: eu poderia borrifar em todo homem que encontro uma mistura de sabão, detergente e queijo gorgonzola, e assim fazer mais amigos.

H. Pearson, "'Eau de Dad' Woos Women: Genes Mean Ladies Like Friends and Partners that Smell like their Father", Nature News Service, 21 de janeiro de 2001. Disponível em: <http://www.nature.com/nsu/020114/020114-13.html>.

O MELHOR AMIGO
JERRY SEINFELD

Quem disse: "A paixão sagrada da Amizade é de uma natureza tão doce e firme e leal e contínua que dura uma vida inteira, desde que não se peça dinheiro emprestado"? Parece coisa de Jerry Seinfeld, mais foi Mark Twain. Elaine tentou namorar Jerry, mas ele a irritava mais do que a excitava. Os dois descobriram que se davam muito melhor como melhores amigos. Pense bem: você namoraria Jerry Seinfeld?

Prós
- Ele é tão limpo e organizado que provavelmente levaria um aspirador de pó ao seu apartamento.
- Não se incomoda em se sentar por horas em uma lanchonete e conversar.
- Tem estoque de tudo quanto é tipo de cereal.

Contras
- Ele tem um comentário para cada coisinha mínima.
- Termina relacionamentos com mulheres por motivos doidos (ela tem mãos masculinas; ele não se lembra do nome dela).
- Ele nunca sairá de Nova York.

TESTE
VOCÊ PRECISA DE UM MELHOR AMIGO?

Responda "sim" ou "não" a cada pergunta. Depois, verifique sua pontuação para saber se o Melhor Amigo é para você.

__ 1. Você precisa se sentir sexualmente atraente para todos os homens?
__ 2. Consegue contar o número de amigos homens que já teve sem usar todos os dedos de uma mão?
__ 3. Quando um homem começa a conversar com você, sempre acha que ele está interessado em mais que apenas amizade?
__ 4. Você tem um irmão ou primo que você adora?
__ 5. Você tem um amigo homem confiável que a ajuda a compreender a mente dos homens?
__ 6. Já sentiu o prazer de paquerar homens junto com seu amigo *gay*?
__ 7. Acha que o Harry, do filme *Harry e Sally*, tinha razão quando disse que homens e mulheres não podem ser apenas amigos?
__ 8. Você já namorou alguém e se forçou a sentir atração por ele?
__ 9. Você acha que "homem platônico" é uma contradição?
__ 10. Você ama os homens?

Pontos

1. Sim: 1 Não: 1
2. Sim: 1 Não: 1
3. Sim: 1 Não: 1
4. Sim: 1 Não: 1
5. Sim: 1 Não: 1
6. Sim: 1 Não: 1
7. Sim: 1 Não: 1
8. Sim: 1 Não: 1
9. Sim: 1 Não: 1
10. Sim: 1 Não: 1

Tudo bem, acho que exagerei aqui. Vou deixar que você decida quanto aos outros príncipes. Mas, se você não tem um, aqui vai uma ordem: arrume um Melhor Amigo!

7
O MAIS NOVO

No meu primeiro ano de faculdade, fiz amizade com um veterano num barzinho local. Gostávamos dos mesmos livros e das mesmas músicas, e conversávamos por horas a fio. Meu amigo Keith bebia conosco, mas não falava muito; só ficava ali sentado, evitando o olhar direto, brincando com as gotas que se condensavam e escorriam pelo copo. Quando o veterano se levantava para ir buscar mais bebidas, eu me virava para Keith, animada: "Uau!" Era demais para mim. Lá estava eu, aos 18 anos, e um estudante de 20 me achava interessante e inteligente.
"Ah, dá um tempo!", dizia Keith. "Ele diria qualquer coisa só para ir para a cama com você."
Eu era jovem e protegida, e as palavras de Keith não faziam sentido. O veterano me levou a um *show* na faculdade. Recordo-me de ter usado brincos longos, entrelaçados, folheados a prata e em formato de losango, com um anjo entalhado e uma pedra turquesa no meio. Lembro-me dos detalhes dos brincos, mas o que ele me disse, que estragou a noite, se perdeu de minha memória. Sei que estávamos batendo papo e ele disse algo que feriu meu âmago feminista e acabou com minha atração. E, de repente, vendo minha reação de horror, ele falou: "Que brincos legais!"

Embora ele tenha ligado repetidas vezes e até pedido a uma amiga que deixasse uma mensagem em meu correio de voz, garantindo que ele não era misógino (afinal, *o que* ele disse, que não me lembro?), recusei-me a sair com ele de novo. Além disso, criei aversão a homens mais velhos. Havia também o fato de que a única vez que nossos lábios se tocaram, ainda que sem sentimento, percebi que ele não sabia beijar.

Experimentei um homem mais velho mais uma vez. Morei em Israel durante meu último ano na faculdade. Tinha 20 anos e namorava um imigrante russo de 25. Conversávamos numa mistura de inglês, hebraico e meu russo dos tempos de escola. Desde o começo nós não tínhamos nada a ver: eu era uma americana com bastante tempo para viajar e passear, e ele, um imigrante pobre, que começava a trabalhar às seis da manhã em um restaurante, além de estudar. Os pais dependiam dele; sua ex-namorada na Rússia o havia trocado por seu melhor amigo; e ele estava cansado de tanto trabalhar, com saudade de casa, exausto. Certa vez, adormeceu no meio de uma conversa. Curvou-se e apagou. Uma noite, depois de muitos beijos, ele se esforçou para declarar, em inglês: "Sou homem. Não sou um garotinho. Você entende?" Em outras palavras, deixou claro que beijar não era suficiente. Não me senti exatamente lisonjeada. Mandei-o sair de minha cama e voltei para a lição de casa.

APROVEITE A JUVENTUDE DELE

Desde então, só me interessam os príncipes Mais Novos. Bem antes de Demi Moore seduzir Ashton Kutcher, dezesseis anos mais novo que ela, e de Cameron Diaz começar a consolar Justin Timberlake, oito anos mais novo e abandonado por Britney Spears, eu já preferia os mais jovens. Um desses príncipes Mais Novos, Eli, tem oito anos a menos que eu. Fui criada em um lar tradicional – mamãe fazia o jantar e papai era o provedor da maior parte de nossa renda. Por algum motivo, sempre achei o máximo viver o lado reverso daquela vida. Sempre que Eli fazia o jantar, eu aplaudia. (Já disse a todos os meus príncipes que nada me excita mais do que um homem lavando louça. Não é mentira, embora seja *muito* conveniente.)

    A atração que sinto pelo príncipe Mais Novo tem a ver com minha crença de que *ninguém* tem de ser o chefe da casa. Não era Eli que sempre dava a palavra final só porque era o homem (quem inventou essa ideia furada e a transformou em evangelho?). Quando comecei a ganhar algum dinheiro como escritora, gostava de levá-lo para comer *sushi*, sorrindo para a garçonete enquanto pedia a conta que ela havia posto na frente dele. Há um episódio de *Sex and the City* no qual Carrie ganha um cheque de 25 mil dólares pela tradução japonesa de seu livro e compra para o namorado uma linda camisa de seda Prada. Ele, que também era escritor, mas cujo livro havia sido cancelado, fica ofendido com o presente. Começa a se ressentir de sua linda e bem-sucedida namorada. Quando os fotógrafos lhe pedem para sair da frente para que possam tirar fotos de Carrie sozinha no tapete vermelho, ele apela para a mais imatura forma de rompimento jamais registrada: adeus por meio de um *post-it*.

    Eli assistiu àquele episódio comigo e balançou a cabeça: "Você pode me comprar o que quiser", disse. Homens mais novos não se incomodam com presentinhos. E, mais importante, eles aplaudem a namorada bem-sucedida.

A MULHER MAIS VELHA (MMV)

    Há também o prazer de exercer o charme da Mulher Mais Velha (MMV). Assim como o veterano da faculdade me conquistou por ser mais velho, muitos homens jovens se sentem atraídos por mulheres alguns anos mais velhas. E é uma massagem ao ego ser a pessoa mais experiente do casal:

Fiz uma longa viagem de avião a Boston, e houve um daqueles irritantes atrasos que nos obrigou a passar horas sentados esperando. Alguns passageiros estavam reclamando do atraso, e um rapaz bonito, diretamente atrás de mim, disse algo engraçado e eu ri. Ocupávamos assentos centrais e, para conversarmos, tínhamos de fazer um trabalho de contorcionista, mas conseguimos, e conversamos muito. Ofereci-me para trocar de lugar com alguém, mas ninguém quer um assento do meio! Falamos sobre ele ter ido atrás da banda Phish por toda a Europa, de música, arte, história. Ele tinha um trabalho de verão em Boston. No fim da viagem, pediu meu telefone, e nenhum dos dois tinha caneta, por isso acabei escrevendo o número com um delineador na passagem dele.

E ele ligou! Basicamente, se convidou para vir me ver uma semana depois. Chegou às oito da noite, mais ou menos, e foi então que percebi como ele era novo (22 ou 23 anos), e eu tinha 33... Cerca de uma hora depois, ele me beijou, e de repente me senti chocada – puxa, sou como a sra. Robinson do filme!

Aquilo fez com que me sentisse *sexy* e desejada.

– *Ella*

Por causa de minha carga de trabalho de seis dias por semana, não há muita oportunidade para conhecer pessoas. Uso, portanto, a Internet como ferramenta. Após examinar algumas listas da CompuServe, comecei a procurar *sites* de relacionamentos. Encontrei o perfil de Joe. Sujeito bonito. Fiquei mais impressionada por suas respostas no perfil serem não apenas frases completas – mas também gramaticalmente corretas e com pontuação perfeita. Um *enorme* ponto positivo para o rapaz. Como sempre se faz em situações assim, combinamos de nos encontrar em um local público. Ele escolheu um clube, com piano-bar, *country* bar e tudo o mais.

Fui tratada como uma rainha e, com certeza, um ponto positivo foi o fato de ele estar usando *jeans* e um chapéu de *cowboy*. Estavam tocando uma música antiga do Michael Jackson, ele me convidou para dançar, e no meio da música pus os braços em volta do pescoço dele e o acompanhei. Ele me deu um beijo que... uau! Quando cansamos do clube, fomos a um parque. Andamos, conversamos... e nos beijamos mais.

Quando entrei em contato com ele, eu já sabia que era cinco anos mais novo. A primeira coisa que pensei? "Que bom! Vá em frente!"

– *Debbie*

Em algum momento entre "Vá em frente" e deixar que ele vá embora, pare e pense nisto: com todos os príncipes, mas principalmente com os Mais Novos, você tem uma responsabilidade para com as princesas que vêm depois. Ninguém gosta de se relacionar com um príncipe magoado por uma namorada anterior, que não tinha consideração por ele. Obviamente, você quer tratar os outros como gostaria de ser tratada. Isso é muito importante com o príncipe Mais Novo. Pense nos homens que você namorou quando era jovem e impressionável. Os anos passam e você ainda se lembra da gentileza ou grosseria deles. Lembre-se, portanto, de deixar o príncipe Mais Novo com uma visão positiva das mulheres. Será bom para ele, para as futuras namoradas, e a paz mundial estará ao nosso alcance.

FILHINHO DA MAMÃE

Uma inconveniência de namorar os jovens: alguns confundem a mulher mais velha com a própria mãe:

Eu tinha 25, ele 20. Nossa, como era bom de cama, cantava músicas lindas, me tratava como uma rainha! Conheci-o quando me mudei para um condomínio de apartamentos e dei uma festa de inauguração. Uma amiga e eu estávamos montando tudo, subindo e descendo as escadas com coisas que trazíamos do carro, quando vimos aquele rapaz bonitinho passeando com um cachorro também bonitinho. Fingindo inocência, perguntei-lhe se podia acariciar o cachorro. Começamos a conversar e convidei-o para a festa. Ele não foi, mas apareceu no dia seguinte para se desculpar. Não era muito esperto, mas era uma companhia divertida.

Como estava desempregada na época, e ele trabalhava, eu ia arrumar seu apartamento, passeava com o cachorro, fazia o jantar e as compras. Quando a mãe dele veio visitá-lo um dia, fiz questão de deixar o apartamento impecável e preparei uma refeição fantástica para nós três. Quando ela se virou e me agradeceu por tomar conta tão bem de seu menino, percebi que tinha virado a mamãe dele.

– *Greta*

E é claro que existem os mais novos e os simplesmente novos. Beth descobriu isso por conta própria:

Voltei para casa em férias da faculdade e fui com uma amiga a um evento na escola. Estávamos lá quando vi aquele gato. Parecia estar sozinho, e perguntei a mim mesma: Por que não? Conversei com ele por umas quatro horas naquela primeira noite. Saímos do evento maçante da escola e fomos dançar; depois, minha amiga e eu voltamos para casa.

Vi-o novamente umas duas semanas depois. De novo, começamos a conversar e resolvemos sair para comer. Foi então que percebi que ele não tinha carro, mas eu tinha. É muito estranho não ter carro no lugar onde eu cresci, porque é uma região rural e você precisa de carro para fazer qualquer coisa. E eu o via sempre que ia para a cidade.

Até que descobri, por conversas aqui e ali, que ele só tinha 14 anos. E não estava nem no ensino médio ainda.

– *Beth*

Se você está tentando permanecer jovem, sra. Robinson, nosso próximo príncipe, o Engraçado, é o homem certo para você.

Passei por isso e aprendi

- Aquelas que nos chamam de "papa-anjo" nunca experimentaram esse prazer.
- Em um mundo em que o valor da mulher parece diminuir a cada novo ano e a cada nova ruga, é uma excelente massagem no ego ser a Mulher Mais Velha.
- É importante ensinar bem o príncipe Mais Novo, para que outras princesas colham os benefícios mais tarde.

PALAVRAS DE UMA TERAPEUTA

Namorar um homem mais novo é algo que pode remover aquela camada de seriedade associada aos namorados da mesma idade. Em vez de se concentrar em "aonde vai a relação", o envolvimento com um homem mais jovem pode significar o foco na vida e no desfrute do momento. O tempo passado juntos é sentido e aproveitado pelo que é, e não pelo que adicionará ou significará no futuro.

– SONYA RENCEVICZ, GREENWICH, CONNECTICUT

SERÁ QUE O PRÍNCIPE MAIS NOVO ACEITA A PRINCESA MAIS VELHA?

Então você gosta do príncipe Mais Novo. Quais são as chances de que ele goste da princesa Mais Velha? De acordo com tudo o que aprendemos nas aulas de biologia, os homens são atraídos pelas mulheres jovens que parecem – graças à sua pele bonita e exuberante – capazes de produzir vários pequenos príncipes. Mas um estudo realizado na Universidade de Buckinghamshire Chilterns, na Inglaterra, mostra que isso nem sempre é verdade. Você tem chance, sim, com o príncipe Mais Novo. Mas somente se for bonita. O psicólogo evolucionário George Fieldman mostrou a homens fotos de mulheres – uma das quais havia sido considerada, por outros homens, mais bonita que as outras –, atribuindo a elas idades variadas entre 30 e poucos e 40 e poucos anos e também variando a idade da mulher mais atraente. Em seguida, Fieldman perguntou qual delas cada homem escolheria como parceira. Todos desconsideraram a idade e escolheram a mulher mais bonita. Talvez, concluiu Fieldman, o prazer esteja à frente da reprodução. E antes de começar a reclamar, pense quantas vezes sua necessidade de prazer superou a *sua* necessidade reprodutiva.

BBC News, "The Lure of the Older Woman", 21 de junho de 2001. Disponível em: <http://www.news.bbc.co.uk/1/hi/health/1410495.stm>.

O MAIS NOVO
ASHTON KUTCHER

Antes, ele era apenas um garoto bonito que deu certo no cinema. De repente, Demi Moore o beijou e o garoto se tornou um símbolo valioso para as mulheres mais velhas em toda parte: podemos admirar os dotes do príncipe Mais Novo e também desfrutá-los. Você namoraria Ashton Kutcher?

Prós
- Ele não se importa com rótulos maldosos.
- Tem uma energia inesgotável (e como!).
- Faz umas piadas bonitinhas.

Contras
- Você precisa levá-lo para casa antes do toque de recolher.
- Ele usa as mais recentes gírias incompreensíveis.
- É difícil levá-lo para ver filmes adultos.

TESTE
VOCÊ AGUENTA UM PRÍNCIPE MAIS NOVO?

Responda "sim" ou "não" a cada item. Depois, verifique sua pontuação para saber se o príncipe Mais Novo é apropriado para você.

__ 1. Posso jogar *videogame* com os melhores jogadores.
__ 2. Gosto de sexo várias vezes por noite.
__ 3. Meu filme favorito é *A primeira noite de um homem*.
__ 4. Prefiro homens um pouco grisalhos.
__ 5. Quero ser a pessoa do casal a quem pedem o RG na balada.
__ 6. Gosto que paguem as coisas por mim.
__ 7. Gosto de ir para a cama (e dormir) por volta das onze da noite.
__ 8. Prefiro um homem que se lembre da década de 80.
__ 9. Sempre quis ir a uma festa de formatura de novo.
__ 10. Conheço um cara mais novo e acho que daria certo.

Pontos

1. Sim: 1	Não: 0	6. Sim: 0	Não: 1
2. Sim: 1	Não: 0	7. Sim: 0	Não: 1
3. Sim: 1	Não: 0	8. Sim: 0	Não: 1
4. Sim: 0	Não: 1	9. Sim: 1	Não: 0
5. Sim: 0	Não: 1	10. Sim: 2	Não: 0

0-5   Fique com os homens mais velhos.
6-7   Você se daria bem com o enorme charme do príncipe Mais Novo.
8-11   Você sabe que é verdade: às vezes, os homens não são como os bons vinhos.

8
O ENGRAÇADO

Se eu tivesse de escolher apenas um príncipe, seria o Engraçado. Procuramos nossos semelhantes, e o príncipe Engraçado está em meu sangue. Enquanto era menina e crescia, o humor e sua companheira de cama, a perspicácia, corriam nas veias de minha família. Sentávamos à mesa trocando piadas e inventando histórias com a intenção de fazer os outros rir. Às vezes, o piadista ria sozinho, mas valia a pena também. As melhores tiradas e as melhores histórias se tornaram herança cultural da família, transmitidas por gerações, enquanto outras famílias talvez transmitam genes raros. Meus pais fizeram um ao outro rir durante quarenta anos.

Quando meu pai adoeceu, vítima de câncer, o médico o advertiu, sério: "Não faria diferença se o senhor viesse me consultar antes, eu não poderia lhe dar mais do que quatro meses de vida".

Ao que ele replicou: "Então, eu deveria ter esperado mais tempo para consultá-lo".

ELE ME FAZ RIR

Quando um homem me faz rir, sinto-me não só em casa, mas também bem cuidada. Qualquer pessoa pode – e deve – preparar uma refeição, comprar ingressos para um *show*, prestar atenção no que se diz a ela. Mas é preciso um cuidado todo especial – sem mencionar talento – para fazer seu parceiro ou parceira rir.

Meu parceiro me faz rir, e essa é uma das coisas que mais gosto nele. Seu humor é parte de seu otimismo. Equilibra minhas tendências pessimistas. Muitas vezes, se estou chateada ou chorando, ele diz ou faz coisas engraçadas até eu parar de chorar e começar a rir.

– Kristen

Claro que estar com alguém que é engraçado às vezes gera certa bagunça, como numa vez em que ele quis ver se conseguia fazer com que uma caneta caísse e parasse em cima de um resto de bolo de cenoura.

– Bailey

Certa vez, no verão, levei meu namorado, Jason, à piscina na casa de meus primos. Nadamos um pouco, nos refrescamos e nos divertimos bastante. Mais tarde, meu primo David disse que meu namorado, que estava boiando na parte funda da piscina, não era apropriado para mim. "Jason não é engraçado", ele disse. Preciso esclarecer que esse comentário veio de um homem cujo pai ficou certa vez na longa fila de uma loja da Häagen-Dazs, onde eu trabalhava enquanto ainda era estudante, e exclamou, em voz alta: "Seu pai não lhe dá dinheiro e você precisa trabalhar *aqui*? Rachel, venha para casa comigo. Tire esse avental e venha". Enquanto eu olhava para ele, entre mortificada e com vontade de rir, meu tio pegou a carteira e perguntou: "De quanto você precisa?", e começou a contar as notas.

Na verdade, David tinha razão. Quando tentei descobrir por que Jason não me fazia rir, a resposta foi sua prematura maturidade. A vida para ele era uma coisa séria. Onde ele ia morar? Como poderia ganhar mais dinheiro? Tínhamos uma tradição aos domingos: ligar o som a todo volume e dançar na sala de estar. Um dia de prazer, porém, não saciava minha necessidade de alegria no resto da semana. A vida já é tão dura; sempre senti que meu príncipe tinha de ser um antídoto, um local de repouso do mundo exterior. E nada é melhor do que rir para me fazer sentir segura, amada, em casa.

Quando uma amiga me diz: "Ele me faz rir", fico feliz por sua boa sorte. Rir acalma e revigora – é ioga para o espírito. Pense nos risos forçados no escritório, ou nas festas chatas com sorrisos amarelos. Agora os compare com aquela risada que faz você tremer dos tornozelos até o estômago. Dever *versus* prazer; civilidade *versus* alegria pura.

O Engraçado faz você se sentir assim.

VOCÊ CONHECE AQUELA DO...?

Se duvida da importância do homem que faz você rir, pense na alternativa: aquele que se acha engraçado, mas faz você revirar os olhos de tédio. Você sabe que a rosa nunca vai desabrochar quando seu parceiro nunca a faz rir. E não há jeito melhor de checar sua compatibilidade com seu príncipe do que o senso de humor. Tudo perde a graça quando você tem de dizer: "Já ouvi essa", "Não, não acho divertido você equilibrar uma colher no nariz". Pessoalmente, não vejo humor em ser maldoso. Sempre me afastei de pessoas com língua ferina; sendo uma mulher sem senso de moda e que usa suéter desde os tempos da escola, acho impossível rir da roupa de alguém. Por isso, uma piada sobre as roupas de uma pessoa parecerem *tão* 1974 não faz sentido para mim. E não há inferno pior do que me sentar à mesa com um homem que acabei de conhecer e que, apesar de todas as provas em contrário, se imagina o próprio Bill Cosby! A conta, por favor!

Você pode perguntar: "Mas e quanto aos palhaços?" Bem, o circo não é o lugar onde pretendo conhecer homens. Não quero um palhaço, obrigada. E há um motivo por que tanta gente diz que odeia ou até tem medo de palhaços. É o riso forçado, não natural, aqueles sapatos grandes ridículos e as gravatas com bolinhas. A ideia de humor do palhaço – vamos ver quantas pessoas consigo colocar nesse carrinho! – não reflete o mundo real. O surreal é esquisito, não engraçado. (Confesso agora: Já namorei um palhaço profissional. Quando rompemos, minhas amigas adoravam dizer: "Que bom que vocês se separaram! Que palhaço!" Não era um elogio.) Porque, na verdade, quando você despe o palhaço, nada sobra além de um bobão com nariz de plástico vermelho.

Minha irmã e eu, divertindo o marido dela e a nós mesmas uma noite, inventamos uma equipe para o *Survivor*. Havia os indispensáveis sarados que aguentam viver de ratos assados... e havia um palhaço. Enquanto o resto do grupo se ocupava em construir canoas e procurar comida, o palhaço fazia suas peripécias em círculos ou ficava cantarolando musiquinhas de circo. Ele não servia para nada, e obviamente foi o primeiro expulso da ilha. O único sentido de nossa brincadeira era este: Qual é a serventia dos palhaços?

Então, nada de palhaços nem comentários maldosos, por favor. Mas se o parceiro é capaz de me fazer rir – sem sacanear ninguém pelas costas, sem citar frases de filmes (não é muito original), sem equilibrar talheres em nenhuma parte do corpo, sem bancar o palhaço –, fico interessada. O humor certo é sinal de inteligência, e inteligência é *sexy*.

ENGRAÇADO DE VERDADE

O homem que é Engraçado de verdade vê humor no mundo real. Converte o dia a dia no ridículo, e não tenha dúvida de que isso requer inteligência, como observa Marianne, rindo:

Conheci Patrick na Costa Rica, onde ambos lecionávamos inglês numa escola de idiomas. Ele tinha talento para fazer todo mundo rir, não com brincadeiras idiotas, mas com uma habilidade para ver o ridículo em tudo à sua volta. Isso foi há muito tempo, mas ainda reconheço como ele me ajudou a aprender um jeito novo, descontraído, de ver as coisas.

Certa vez, numa viagem de ônibus à praia, comentei a respeito das palmeiras ao longo da costa. "Olhe só para elas", eu disse. "Essas palmeiras estão onde deveriam estar. Sinto pena das árvores na Califórnia. Parecem deprimidas, vivendo num parque artificial. É muito triste."

Patrick pensou na questão por um instante e disse: "Não sei, talvez você esteja vendo a coisa por um prisma errado. Talvez, para as palmeiras, estar na Califórnia signifique que elas venceram na vida".

Até hoje, às vezes, paro em frente às palmeiras cinzentas, preocupadas, que foram plantadas no estacionamento do supermercado em frente à minha casa. "Animem-se!", quero gritar. "Vocês conseguiram!"

O príncipe Engraçado, assim como o Crânio (discutido no próximo capítulo), pode abrir novos mundos para você, novos modos de ver, reagir e aproveitar. Não é apenas a deliciosa risada que ele lhe desperta, no meio de um salão de conferências totalmente silencioso. É a habilidade que ele tem para sufocar – ou afugentar totalmente – o baixo astral, o torpor e a depressão. É o talento para tornar cada dia especial e engraçado. Com ele, nosso pequeno mundo cresce, mas não com a inclusão de mais palhaços. Como disse Jean Houston sabiamente, entre um surto e

outro de riso: "No pico da risada, o universo é aberto num caleidoscópio de novas possibilidades".[1]
Obrigada, príncipe Engraçado.

RINDO JUNTOS

Creio que está em meus genes, mas a habilidade para fazer um príncipe rir é meu maior trunfo. Meu ex-noivo vivia dizendo: "Nossa, como você é engraçada", como se nunca tivesse percebido antes. (Obviamente, eu não poderia me casar com ele.) Ele se considerava superengraçado, mas na verdade não era grande coisa. Idealmente, um casal deve se empenhar em divertir um ao outro, não em tentar superar o outro (é um jogo, aliás, para a família toda).

Meu ex tentou, certa vez, fazer piada porque eu usava óleo de bebê: "Você sabe quantos bebês eles tiveram de espremer só para você usar essa garrafinha?"
Minha resposta? "Não me preocupo muito com isso – eles fazem bom uso de cada bebê, moendo o resto para fazer talco."
Nunca mais ouvi nenhuma outra piada sobre óleo de bebê. Esse era um dos defeitos dele: se eu não reagisse a alguma coisa que ele achava engraçado ou se não achasse engraçado, ele ficava emburrado.
– *Laura*

Meu pai aprendeu, com o pai dele, a importância de o casal rir junto. Quando minha avó era recém-casada, ganhou um concurso de um jornal pela história de como conheceu meu avô. Parece que os dois foram convidados à mesma festa, e ele a tirou para dançar. Alguns minutos depois, ele lhe disse: "Você deve cozinhar muito bem".

---

[1] J. Houston, *The Possible Human: A Course in Extending your Physical, Mental, and Creative Abilities*. Los Angeles: Tarcher, 1997.

Ela cozinhava, mas como ele poderia saber?

"Por quê?", ela perguntou.

"Porque não sabe dançar."

Pessoalmente, acho que me sentiria insultada, mas seu senso de humor e o dela combinaram, e os dois sempre se deram muito bem. Muitas lembranças de meus pais envolvem os dois chorando de tanto rir, divertindo-se. "Está vendo?", meu pai dizia, apontando o dedo para minha mãe, que enxugava os olhos com a toalha da mesa. "Ela é meu melhor público."

E não é com pessoas assim que você quer estar, afinal? Seu melhor público. O comediante Victor Borge disse, certa vez: "O riso é a menor distância entre duas pessoas". Claro que é ótimo se despir um na frente do outro. Mas pense na intimidade das piadas pessoais. O riso é o melhor remédio, e faz cada dia valer a pena. Não posso jamais subestimar o poder do riso. Outros pais podem deixar uma vultosa poupança para seus filhos, mas estou felicíssima com meu legado.

No fim, quero estar com o homem que me fará rir e vice-versa. Quando encontrar, aviso as leitoras. Enquanto isso, vamos conhecer outro príncipe: o Crânio.

Passei por isso e aprendi

- Rir é o melhor remédio, o prato principal, o melhor modo de começar e terminar o dia. O príncipe Engraçado representa sensualidade, inteligência e diversão.
- É fácil pensar em sexo quando se fala de intimidade. Mas uma piada interna é igualmente íntima – e mais fácil de fazer no metrô.
- A compatibilidade entre o senso de humor dele e o seu demonstra tudo o que importa num relacionamento – como os dois se comunicam, como (e se) vocês se entendem, e se os dois acham importantes ou ridículas as mesmas coisas. Não basta os outros acharem que ele é engraçado. *Você* tem de considerá-lo o príncipe Engraçado.

> **PALAVRAS DE UMA TERAPEUTA**
>
> Simplesmente, você precisa de alguém que ria com você. Se o casal não puder rir, não vale a pena.
>
> – RUTH GREER, RYE, NOVA YORK

CASAL QUE RI UNIDO PERMANECE UNIDO

Rir com o parceiro não é apenas uma sensação boa, mas também fortalece a relação. Cameron Anderson, da Universidade Northwestern, no Illinois, descobriu que, com o tempo, os casais reagem de maneira cada vez mais parecida às questões da vida.

O estudo de Anderson, publicado pela primeira vez no *Journal of Personality and Social Psychology*, mostra que essa "convergência emocional" fortalece os relacionamentos, e que, com o passar do tempo, as pessoas mais emocionalmente sintonizadas ficam juntas, enquanto os casais mais divergentes se separam. Não foi detectado se os casais que exibiam uma convergência emocional crescente no decorrer do estudo tinham algum nível de semelhança quando se conheceram. De qualquer forma, diz Anderson, quando você estiver em busca do amor, não descarte a importância de rir das mesmas piadas e chorar com os mesmos filmes.

D. Frisch, "Over Time, People 'Catch Mood' of Friends, Lovers", Reuters Health Information, 30 de maio de 2003. Disponível em: <http://www.medformation.com/mf/news.nsf/Reuters-News/Over_time_people_catch_mood_of_friends_lovers>.

O PRÍNCIPE ENGRAÇADO
ROBIN WILLIAMS

A série cômica *Mork & Mindy* era engraçada por causa da tensão entre a bela Mindy e seu colega de quarto extraterrestre, Mork. Ela era bonita o suficiente para namorar humanos e ocupada o suficiente para não se deixar obcecar com isso. Mas Mork a fazia rir, e ela mal conseguia esconder sua atração. Você namoraria Robin Williams?

Prós
- Ele lhe dará o presente de ter boas e constantes gargalhadas.
- Com toda essa energia, vocês certamente ganhariam o concurso de dançar a noite toda.
- Você pode usar algumas roupas dele, se gostar do estilo da *Babá quase perfeita*.

Contras
- De vez em quando, ele tenta ser sério e fracassa terrivelmente.
- Ele pode fazer uma imitação sua (não necessariamente lisonjeira).
- Talvez ele ainda use os suspensórios de arco-íris de Mork.

TESTE
O ENGRAÇADO SERVE PARA VOCÊ?

Responda "sim" ou "não" a cada item. Depois, verifique sua pontuação para saber se o Engraçado serve para você.

__ 1. Rir é o melhor remédio.
__ 2. A vida é uma coisa séria.
__ 3. Prefiro conversar a noite toda, fazer sexo a noite toda ou comer a noite toda. Se quiser rir, vou a um *show* de comédia.
__ 4. Robin Williams é tão engraçado que nem noto os pelos que tem nos dedos.
__ 5. Se um homem me faz rir, acho-o imediatamente atraente.
__ 6. Um príncipe que está sempre contando piadas é inseguro ou tem um tique verbal.
__ 7. Depois de um dia puxado de trabalho, preciso de um homem que se sente ao meu lado e lamente comigo as agruras da vida.
__ 8. Eu tenho uma galinha de borracha.
__ 9. Uso essa galinha de borracha na hora do sexo.
__ 10. Conheço um cara engraçado e acho que daria certo.

Pontos
1. Sim: 1   Não: 0
2. Sim: 0   Não: 1
3. Sim: 0   Não: 1
4. Sim: 1   Não: 0
5. Sim: 1   Não: 0
6. Sim: 0   Não: 1
7. Sim: 0   Não: 1
8. Sim: 1   Não: 0
9. Sim: 1   Não: 0
10. Sim: 2   Não: 0

0-5 Você acha a vida séria demais, e talvez o Engraçado seja difícil de aturar.
6-7 Pode se animar! Experimente o Engraçado.
8-11 Você sabe a importância que tem uma boa gargalhada. O Engraçado é para você.

9
O CRÂNIO

Às vezes me pergunto se foram os jornalistas que nos despertaram para o fascínio do príncipe Crânio, pois não conheço uma única garota que não se deixe seduzir pela ideia de um casal na cama lendo junto o jornal; ou sentado à mesa da cozinha, folheando-o nos dias de semana; ou sentado na sala de estar em meio a caixas de mudança, lendo o exemplar de domingo (pois ler o jornal de domingo é mais importante e mais prazeroso do que desempacotar as coisas na casa nova).

Há um certo charme no homem que lê jornal. Ele se importa com o mundo! Profundamente! Gosta de poesia, literatura feminina, cachorrinhos fofinhos. Bebe sem ficar bêbado, e sua grande sede de conhecimento não é tola a ponto de memorizar diálogos de filmes. Ele é um homem da Renascença, um verdadeiro James Bond – sem os acidentes de carro ou as legiões de amantes oferecidas.

Pelo menos, esse é o *meu* príncipe Crânio. Um homem mais inteligente do que eu (mais inteligente do que eu!), que possa me ensinar algo acerca do mundo (claro que os Crânios profissionais, professorais – e até meio *nerds* – também são bem-vindos).

E, creia-me, basta um único relacionamento com um homem cuja conversa se limita a comparações entre os mais recentes filmes de ação para fazer uma garota correr até a biblioteca mais próxima e procurar seu príncipe Crânio.

Tenho formação universitária, mas me formei sem ter uma única aula de ciências. Parecia que ele sabia tudo de química, física, astronomia. Eu vivia assentindo com a cabeça. Gostava particularmente de astronomia – ficávamos juntinhos sob as estrelas, e ele me mostrava as constelações.

– *Polly*

Não que eu não pudesse aprender no curso de direito. Mas o conhecimento dele ia além disso. Ouvi-lo explicar as nuances sutis era muito *sexy*.

– *Charity*

SEXY E DESAFIADOR

Quando perguntei a Gabe, um de meus príncipes Crânios, que livro estava lendo no momento, ele me disse que era de Dostoiévski. Só mais tarde, quando estávamos no apartamento dele, foi que percebi que estava lendo o original, em russo. Quando certo deputado fez um comentário infeliz sobre os judeus americanos e a guerra no Iraque, perguntei a Gabe o que ele achava. Sua resposta levou em conta tantas facetas políticas desconhecidas para mim que a história parecia se desenrolar à minha frente.

O príncipe Crânio tem algo inegavelmente *sexy*. Você pode olhar para ele como ele era antes – um pequeno Bill Gates em sua sala, construindo equipamentos eletrônicos – ou pode (e deve) aceitá-lo como é hoje: uma mente gigante. E embora só exista um Bill Gates, o mundo está cheio de fascinantes Crânios: o escritor que transmite exatamente aquilo que você está pensando; o cientista cuja paixão por encontrar a cura do mal de Alzheimer só se compara com a inteligência que ele usa para pôr o plano em prática (se alguém encontrar a cura desse mal, será outro príncipe meu, Alan); o executivo que – *sexy*! – arregaça as mangas da camisa e explica a bolsa de valores. Às vezes, a inteligência emocional do príncipe Crânio não corresponde ao seu QI (Gabe conseguia se ligar emocionalmente mais ao Dostoiévski, morto há tanto tempo, que à linda garota sentada ao seu lado), mas o que ele tem a oferecer pode fazer nossa mente incendiar.

E ele é mais conveniente do que a coleção completa da *Enciclopédia britânica*. Confusa com o rancor no Oriente Médio? Esqueceu, de repente, o nome do último presidente? O príncipe Crânio pode citar a referência bíblica da compra da terra em Hebron e dizer sem pestanejar: "Harrison. O primeiro presidente dos Estados Unidos que morreu em exercício. Pneumonia". Alguém por aí interessada em cultura inútil?

Não há nada mais *sexy* do que uma mente transbordando de conhecimento. Mas a inteligência não é só a habilidade de consumir fatos e falar deles. Inteligência não se restringe ao cientista brilhante, ou bem informado, ou versado nos clássicos. O que Lucy e Patty aprenderam com o Crânio, com o passar do tempo, foi algo que não teriam aprendido na escola:

> Ele não me deixava ser intelectualmente preguiçosa. Com ele, aprendi a argumentar, a pensar com mais profundidade e a não aceitar as coisas só porque "assim é que são". Aprendi a me defender e a defender minhas crenças e ideias de uma maneira que não sabia antes de começarmos a namorar.
>
> – *Lucy*

> Ele não era do tipo rato de livraria, mas era um pensador. Desafiava-me. Nunca me deixava ficar conformada com meu *status quo*, mesmo que eu quisesse.
>
> – *Patty*

Mais do que ser um gênio, o príncipe Crânio dá conselhos sábios, um apoio bem pensado ou uma defesa entusiasmada das convicções que você possa ter. O tempo passado com ele melhora sua habilidade de pensar de forma lógica, analisar ambos os lados de um impasse, argumentar com as outras pessoas ou simplesmente entender as coisas. Ele pode ser um príncipe com uma visão profunda do romance entre vocês, ou uma compreensão apurada de seu lado criativo, ou uma sensibilidade aguçada dos problemas dos animais. Ele é um homem que a desafia a expandir a mente.

Não significa que vocês dois devam ser gênios da matemática, que se sentam juntos para elaborar novos teoremas. (Se conseguirem isso, boa sorte. Mas não nos envolva!) Não significa que vocês devam saber melhor que os funcionários governamentais qual tática faz mais sentido na política estrangeira. (Conheci um casal que... bem, nunca me peça para sentar ao lado deles em um jantar, por favor.) Os dois não precisam ter talentos semelhantes nem visões idênticas. Você tem a liberdade de discutir com seu príncipe Crânio; o importante é que ele respeite você e sua inteligência.

O que conta no príncipe Crânio é mais do que pontos em testes e a extensão de seu vocabulário. O presente mais importante que ele pode lhe dar é a habilidade de aceitar suas opiniões. Um de meus príncipes Crânios não hesita em bancar o advogado do diabo. Não que ele goste de ser do contra. O que ele gosta, sim, é das conversas quando minha mente e a dele estão a pleno vapor, e não presas em por alguma opinião fixa. Ele me levou, um dia, a uma feira de pecuária. Passamos em meio aos porcos, cabras e às majestosas vacas, com seus olhos grandes. Um criador de porcos explicou os tipos diferentes de raças e conversou conosco sobre sua vida como criador de animais em Maryland. Perguntei-lhe, com toda franqueza, se seus filhos não tinham dificuldade de cuidar de um porquinho com semanas de vida e depois deixá-lo ser sacrificado. Ele se virou e continuou explicando os tipos diferentes de porcos. O príncipe Crânio – Harry – e eu agradecemos e continuamos andando. Comecei a falar sem parar sobre a dificuldade que devia ser amar um animal e encaminhá-lo à morte. Quando passamos por todos os animais, minha opinião ficou mais inflamada. "Por quê?", Harry perguntava após cada manifestação acalorada. "Por quê?" Ele poderia ter dito o que pensava, mas, em vez disso, como sempre, estava mais interessado em me ver elaborar meu próprio raciocínio.

A DESVANTAGEM

Entretanto, para cada intelectual e pensador profundo, há um príncipe Crânio que desonra a categoria: é o homem que se julga esperto; o sujeito que se gaba ridiculamente de suas notas e pontos em testes; o indivíduo que, talvez sem perceber, ou talvez de propósito, faz você se sentir burra.

Eu o conheci quando ele ainda fazia mestrado em economia. Era intelectualmente compatível comigo na maioria das coisas, mas achava que, como era sabido em questões financeiras, *só* o seu modo de ver as coisas era certo em outras situações também. Percebi que preciso de alguém suficientemente inteligente para saber que seu modo de enxergar não é o único!

– *Mandy*

Um desses Crânios do tipo convencido chegou a me dizer que os trens eram uma invenção importante porque algumas pessoas não gostam de viajar de avião. Meu silêncio perante tal afirmação o confundiu, fazendo-o pensar que eu estava admirada. Quando estava fazendo pesquisas para meu primeiro livro, entrei em um debate acalorado com um homem a respeito de um estudo que diz que casais que vivem juntos antes de casar têm uma possibilidade maior de divórcio do que aqueles que só vão morar juntos depois do casamento. Eu, que tinha morado com meu noivo e descobri que não combinávamos muito – o que nos salvou de um casamento infeliz –, vejo benefícios em morar juntos antes. Além disso, como expliquei àquele homem, não há escapatória quando é a convivência que acaba com o casal, sem contar o fato de que as pessoas que vivem juntas são mais liberais e, portanto, mais propensas a se separar do que a permanecer num casamento ruim. "Nada disso", ele comentou. "O estudo comprova, definitivamente, que viver juntos é uma má ideia. Afinal de contas", disse, "para que comprar a vaca quando se pode tomar leite de graça?"

Hã? "O que esse clichê idiota tem a ver com seu argumento?", perguntei. (Silêncio.) "Como um único estudo deixa tudo tão claro?" (Silêncio.) Fiz um milhão de perguntas, mas ele se limitou a sorrir como o gato de Alice, satisfeito. Existe inteligência e existe tortura.

Para que dar atenção a isso? Ah, mas é preciso. Há uma teoria segundo a qual namoramos pessoas que são aquilo que não somos e têm o que não temos. Às vezes, funciona assim (como no caso do príncipe Rico, do qual falaremos mais tarde), mas geralmente o apelo do príncipe tem mais a ver com o que precisamos e menos com o que não somos. Confuso? Leia o capítulo sobre o príncipe Proibido – o sujeito do qual você não precisa – para compreender melhor.

Passei por isso e aprendi

- Os talentosos príncipes Crânios podem ensiná-la muitas coisas importantes. Os meus me ensinaram de tudo, desde fazer um *site* até administrar meu dinheiro. Conhecimento é poder, e é muito *sexy*.
- A paixão e a perspicácia do príncipe Crânio podem ajudar você a descobrir novos pontos de vista, a saber o que é importante levar em conta.

- O príncipe Crânio pode lhe proporcionar um entendimento profundo da alegria de se obter um entendimento profundo.
- Até o Crânio convencido é capaz de ensinar alguma coisa, ainda que sem a intenção: defender suas opiniões e convicções e afiar sua habilidade de se autoafirmar.

PALAVRAS DE UM TERAPEUTA

Ao namorar alguém mais inteligente do que você, observe o seguinte: Ele a respeita? Tem o bom-senso de não conversar com você em uma língua estrangeira? Tem uma ligação com você? Diferenças de habilidade intelectual podem gerar uma boa dinâmica – os pontos fortes dele são aqueles, os meus são estes –, mas é importante que ele saiba quem é e não tente provar que é melhor que os outros.

– MICHAEL LUNTER, ST. LOUIS, MISSOURI

UM SUPERCRÂNIO, POR FAVOR!

Qual é a melhor maneira de conseguir que seu príncipe seja um crânio? O pesquisador australiano Dennis Garlick analisou 124 estudos sobre inteligência para ver como a "plasticidade neural" pode compensar os genes velhos. Embora os genes da inteligência, cortesia de mamãe e papai, aumentem as chances de uma pessoa ser um gênio, a plasticidade neural (o desenvolvimento de conexões neurais resultante de estímulos ambientais) se revelou mais importante. Isso acontece porque, embora as pessoas que têm pais inteligentes sejam mais bem equipadas para responder a estímulos, todos nós precisamos de um ambiente ativo que nos desperte durante nosso "período crítico de aprendizado" de vinte anos. Mas, se você teme que as células cerebrais de seu príncipe morram enquanto ele fica assistindo à TV o fim de semana todo, não se preocupe. Após nosso período crítico de aprendizado, somos como cães velhos – não aprendemos novos truques. Em outras palavras, se você o arrastar para longe da televisão, ele conseguirá agir como humano novamente. E se ele for muito pesado ou teimoso para arrastar... procure outro príncipe!

Associação Americana de Psicologia, "Is Intelligence Fixed or Enhanced by Environmental Stimulation and Demands? Neural Plasticity rather than a General Measure Better Defines the Potentials and Limitations of Intelligence", 16 de janeiro de 2002, *press release*. Disponível em: <http://www.apa.org/releases/iqdebate.html>.

O MAIOR DOS CRÂNIOS
ALBERT EINSTEIN

Quando a revista *Time* nomeou Albert Einstein como a Pessoa do Século, disse que ele era "inimaginavelmente profundo – o gênio entre os gênios, que descobriu, só pelo pensamento, que o universo não era o que parecia".* Você aguentaria ficar ao lado de um cérebro tão poderoso?

Prós
- Ele seria muito útil quando você esquecesse a que equivale *E*.
- Se conhecimento é poder, você teria o arsenal quando estivesse com ele.
- Pense quantas outras teorias você e ele poderiam comprovar.

Contras
- Ele nunca escova o cabelo.
- De que serve a profundidade, se você não consegue compreender o homem?
- Toda essa genialidade nada significa se ele a trair. (A *Time* também afirmou que o infiel Einstein dizia que "o ciúme patológico [de sua mulher] era típico de mulheres 'anormalmente feias'". Simpático.)

* F. Golden, "Person of the Century", *Time*, 3 de janeiro de 2000.

TESTE
VOCÊ ESTÁ PROCURANDO UM PRÍNCIPE CRÂNIO?

Responda "sim" ou "não" a cada item. Depois, verifique sua pontuação para saber se o príncipe Crânio serve para você.

__ 1. Se alguém corrige minha gramática, fico louca da vida.
__ 2. Não entendo para que viver de arte. Não é melhor arrumar um emprego de verdade?
__ 3. Não gosto daquelas pessoas que vivem citando falas de filmes.
__ 4. Sinto-me ameaçada por pontos de vista diferentes.
__ 5. Meu lema é "Faça amor agora, converse depois".
__ 6. Adoro um desafio.
__ 7. Se ele está errado em alguma questão, apenas sorrio; não quero envergonhá-lo corrigindo-o.
__ 8. Sou escrava de um homem que fala comigo em uma língua estrangeira.
__ 9. Impressiono-me com notas altas em exames.
__ 10. Conheço um Crânio e acho que daria certo.

Pontos
1. Sim: 0   Não: 1   6. Sim: 1   Não: 0
2. Sim: 0   Não: 1   7. Sim: 0   Não: 1
3. Sim: 1   Não: 0   8. Sim: 1   Não: 0
4. Sim: 0   Não: 1   9. Sim: 1   Não: 0
5. Sim: 0   Não: 1   10. Sim: 2   Não: 0

0-5 Fique com o Perigoso ou o príncipe do Sexo.
6-7 Pense na possibilidade de um Crânio na sua vida. Ainda que seja só para aprender alguma coisa
8-11 Você está de olho em um Crânio. Aproveite!

10
O PROIBIDO

Abri a porta, e lá estava Greg. Eu o havia convidado para minha festa alguns dias antes e me esquecido completamente dele. Agora, estava diante de minha porta, loiro, magro e visivelmente nervoso. "Humm", pensei. "Isso pode ser interessante."

Foi interessante, sim, mas não da maneira como eu esperava. Porque Greg era o meu príncipe Proibido: tão errado para mim que até hoje, quando penso nele, ainda balanço a cabeça.

Não me entenda mal: não lamento ter me relacionado com ele. São príncipes assim que *realmente* mostram quem somos e o que queremos ou precisamos. Todas têm ao menos um Proibido – e algumas, mais de um. O Proibido não é todo homem com quem você não se casa. Ele é a personificação daquilo em que você não está interessada. Ele é valioso porque tê-lo em sua vida significa que você precisa pegar o microfone e gritar, com toda clareza: "Não, não é para mim. Não mesmo!" Há motivos pelos quais os outros príncipes não duram a vida toda (ainda bem). O Proibido é o sujeito que a faz perceber exatamente o que não é bom para você.

Parece estranho, mas é um sentimento poderoso. Saber o que você não quer, tanto num homem quanto na vida, lhe ajuda a descobrir o que *quer*. Isso fica mais claro ainda se você permanecer envolvida com um príncipe Proibido por algum tempo (ele pode se estender demais). Talvez você não perceba que ele é Proibido, a princípio – ou quem sabe não conheça a *si mesma*. E talvez suas prioridades tenham mudado, ou você tenha amadurecido ou ficado mais esperta.

NO MUNDO ERRADO

Greg, por exemplo, estava sempre infeliz. Único advogado num escritório local, passava o dia cercado por papéis. Ele não ficava nervoso apenas ao meu lado – mas também em seu escritório, perto de outras pessoas, no conforto de sua casa. O único momento em que encontrava paz era quando estava rezando. Levantava-se cedo para cumprimentar o sol com orações e agradecia a Deus o dia todo. Qualquer oração que pudesse fazer, fazia. Era capaz de prolongá-la, balançando o corpo para frente e para trás, com os olhos fechados.

Não sei se era Deus ou a oração que lhe trazia consolo, mas não importava. Ele fazia aulas sobre a Torá e o Talmude uma vez por semana, mas queria mais. Perguntei-lhe se não gostaria de largar o direito e estudar para ser rabino. Ele me olhou, surpreso, como se eu tivesse visto o fundo de sua alma. Ambos sabíamos que a escola rabínica significaria uma mudança para Nova York, sozinho. Ele bem queria isso, mas algo o segurava – talvez seu caráter nervoso, cauteloso. "Ainda não", disse. "Talvez um dia." À medida que se afastava lentamente, tomando a direção que queria, foi se tornando cada vez mais o príncipe Proibido para mim.

Tínhamos avançado dos jantares e filmes para as mãos dadas, e chamávamos um ao outro de namorado e namorada; e, no começo, achei que ele estava passando por uma fase, ou andava zangado com os pais, ou apenas distraído. O Proibido não é como o Perigoso; não é o aspecto proibido que atrai. O que atrai, nele, é seu lado bom; de repente, porém, tropeçamos no enorme elefante que está na sala e que não conseguimos mais ignorar.

Greg, por exemplo, queria que eu passasse o Shabat (o dia de descanso judaico) com ele. Mas eu não poderia ouvir música nem acender as luzes ou fazer minha corrida costumeira, porque a prática religiosa ortodoxa que ele insistia em seguir proibia tudo isso. Cada refeição era encerrada com uma longa oração de agradecimento. Jantamos certa noite na casa de um casal religioso, e o marido nem tocou a esposa. Toda a conversa girou em torno de Deus. Quando saímos e caminhamos para casa, virei-me para Greg e disse: "Não é essa a vida que eu quero".

De repente, percebi que dizia isso cada vez com mais frequência. Ele recusou um convite para ir a um *show* num sábado à tarde. Era gratuito (ele não teria, portanto, de carregar dinheiro consigo no Shabat), mas afirmou que "não fazia parte do espírito do dia". Seu motivo para não ligar o rádio aos sábados – não é certo ouvir comerciais ou letras sugestivas num dia sagrado – não foi abalado pela minha sugestão de escutarmos um CD de música clássica. Os dias de verão estavam ficando mais longos, e eu me recusava a esperar até as oito ou nove horas da noite, quando o sol se punha e o Shabat tinha acabado, para sair de casa.

Não é que sofríamos juntos – gostávamos de cozinhar juntos, conversar sobre política, caminhar no parque e descansar juntos na cama –, mas era evidente que no mundo fora de nossos momentos juntos não estávamos na mesma sintonia. Em um fim de tarde de verão, fomos caminhar por uma floresta cheia de mosquitos. Não tínhamos água suficiente, e precisávamos abanar as mãos constantemente para espantar os insetos. Greg não parava de resmungar; eu me sentia feliz por estar ao ar livre. Caminhamos por horas, mas só quando ele me levou para casa, entrou no carro, deu a partida, depois voltou e tocou minha campainha é que teve coragem de me dizer que estava se mudando para Israel.

Sua necessidade de viver uma vida religiosa aumentara de um leve sussurro para um grito. Queria estudar o judaísmo o dia todo, e se matriculara num programa de estudos em Jerusalém. Fiquei chocada. Dali a uma semana, ele partiu. Soube, depois, que voltou e ficou noivo de uma mulher religiosa após dois anos de estudo.

Após superar a tristeza, percebi que nunca havia hesitado em buscar o que era certo para mim. Sempre falara de minhas necessidades. E igualmente importante: levava Greg e suas complexidades em consideração. Essa é a beleza do príncipe Proibido – ele lhe mostra outro mundo, seja de valores ou de ideias quanto à diversão. E você não tem a tentação de segui-lo. Embora pareça um atraso de vida, o fato de você dizer não, de não desistir de sua posição, a ajuda a crescer. Assim como os outros príncipes, o Proibido traz possibilidades reais de mudança de vida. Como tudo nele estava errado para mim, Greg me ajudou a determinar o que quero de um parceiro em minha vida.

PROCURANDO UM OPOSTO

De vez em quando, o príncipe Proibido é uma escolha deliberada. Beth quis ficar com um deles, mas de repente acordou – não porque ele fosse terrível, mas *ela* era:

> Após terminar o relacionamento com meu primeiro amor, fui procurar o oposto completo dele, alguém que prestasse atenção em mim e fosse incapaz de me trair. Alguém que eu pudesse controlar, em vez de deixar que me controlasse. Queria dizer a ele onde me encontrar, quando me telefonar, e nem sempre estar onde dizia que estaria, ou nem sempre atender ao telefone. Por fim, percebi que estava com ele pelos motivos errados. Procurava traços que normalmente não respeito e não gosto em um homem. Errei completamente. Vi que o contrário do que me machuca nem sempre me serve, e que não devo punir uma pessoa pelo que outra me fez.

Geralmente, no entanto, ninguém é o vilão (não defendo o namoro com esse tipo de príncipe). O que acontece é que você e seu príncipe estão indo bem, mas, de repente, alguma coisa começa a "pegar". Você percebe, então: "Opa, isso não é para mim".

> Eu sabia desde o início que nossos valores e personalidades não combinariam por muito tempo. Ele era um ótimo sujeito; eu gostava muito dele. Mas éramos muito diferentes, principalmente na questão religiosa. Também tínhamos estruturas familiares muito diferentes – ele vinha de uma família tradicional do interior, num lar "nuclear"; e eu tive uma criação liberal, independente, num lar "desestruturado". Não conversávamos muito – só ele falava. *Muito*. E repetia sempre as mesmas histórias, às vezes em momentos inapropriados.
> Com exceção daqueles momentos em que eu queria pedir que ele calasse a boca, porque estava cansada de ouvi-lo balbuciar a mesma coisa, era gostoso estar com ele. Mas, muitas vezes, entediava-me, e o pior é que me sentia culpada por isso. Ele ficou muito magoado quando o larguei, e me perguntou várias vezes se havia algo que pudesse fazer ou mudar que me convenceria a não abandoná-lo. Ele não tinha grande autoestima, outro motivo pelo qual não demos certo. Tento apoiar e encorajar, e sempre quero ajudar as pessoas a melhorar a autoestima, mas não tenho energia para ser uma constante muleta.
>
> – *Celia*

Assim como os príncipes subsequentes, o Perigoso e o Rico, o Proibido nos ajuda a ver o mundo com outros olhos. Diferente dos outros, com ele não cobiçamos outro modo de vida – apenas percebemos o que é certo para nós no momento:

> Ele era sete anos mais velho do que eu. Era incrivelmente bonito, e para mim idade tinha a ver com maturidade. Mas ele não queria compromisso... nunca. Sofria de uma *grande* síndrome de Peter Pan.

Certa vez, disse: "Fumo erva demais. Isso é um problema?" Para mim, isso foi um sinal de alerta. Percebi que meus valores não são necessariamente os valores dos outros.

– *Hope*

O Proibido não é um de meus príncipes favoritos. Mas em que outra circunstância você consegue perceber do que é capaz? Jane, 22 anos quando namorava um Proibido, compreendeu as próprias necessidades e fez um esforço tremendo para ser uma boa pessoa:

Adorava passar o tempo com ele, e havia química entre nós. Mas eu vivia olhando para outros homens. Nunca lhe disse que o amava, o que para mim era preocupante. Faltava alguma coisa, não sabia o quê... Ele tinha vindo passar o Ano-Novo comigo e com meus amigos, e minha colega de quarto perguntou a ele, em tom de brincadeira: "Quando você vai se casar com ela?", enquanto ele me olhava "daquele jeito" no momento em que eu dançava despreocupada com meus amigos. Ele respondeu: "Assim que ela estiver pronta". Quando minha amiga me contou essa história, meu olhar de horror a surpreendeu. Eu sabia que precisaria terminar o namoro. Ele merecia alguém que pudesse lhe dar o amor que me dava. Que olhasse para ele "daquele jeito" enquanto ele estava se divertindo com os amigos. Que fosse tão boa para ele quanto ele sempre fora para mim. Chorei muito quando terminamos. Acho que foi uma das coisas mais difíceis que já fiz.

O príncipe Proibido a ajuda a conhecer seus limites – e a aceitá-los:

Ele dançava superbem, era incrivelmente *sexy* e beijava como ninguém. Nós nos conhecemos numa discoteca. Namoramos durante um verão, na época da faculdade. Depois, quando me mudei de volta para nossa região, após dois anos morando em outro lugar, vi-o em um bar. Da primeira vez que namoramos, achava-o muito *sexy*. Ele não bebia quando namorávamos, mas se tornou alcoólatra. Foi triste vê-lo sucumbir à bebida repetidas vezes. E fumava muita maconha também. Eu queria ajudá-lo. Percebi que tinha fortes tendências para cuidar das pessoas. Era angustiante vê-lo arruinar sua vida daquele jeito, por causa do álcool. Não consegui. Aprendi que não posso corrigir as pessoas. Elas é que precisam se corrigir.

– *Polly*

Nossos príncipes nos oferecem numerosas coisas – aventura, sexo, espasmos de alegria. O príncipe Proibido nos oferece nós mesmas, em uma bandeja. Quando percebemos quem não somos, declaramos quem somos. Sabendo disso, como posso recomendar *não* namorar vários príncipes?

Ele veio no momento mais apropriado do universo; foi um bom amigo que apareceu e juntou meus pedaços quando o relacionamento com meu verdadeiro amor acabou.

A princípio, ele só me mantinha ocupada; depois, tentou me mudar – passei muito tempo não sendo eu mesma e duvidando de minhas decisões de vida. Ele me deu a atenção e a afeição que me faltavam, mas era manipulador. Agora, sei quais são as coisas importantes na vida e não abro mão delas. Com ele, precisei mudar ou deixar de lado minhas prioridades e meu "eu" muitas vezes. Agora, insisto em minha moral e minhas crenças, e não as abandono por ninguém. Respeito a decisão dos outros de serem diferentes de mim e posso aprender com isso, mas tenho alguns valores que não são negociáveis, e são importantes demais para abandonar.

– *Vera*

Quando você se cansa do Proibido, está na hora de se divertir com outro príncipe – o Rico, o homem que a levará a um restaurante chique ou ao camarote de um *show*.

Passei por isso e aprendi

- Há motivos para namorar o homem "errado". Talvez você possa descobrir esses motivos sozinha, mas com o Proibido é bem mais divertido.
- O Proibido, mais do que qualquer outro, é uma prova de que o conceito do príncipe encantado não faz sentido. O Proibido é certo em alguns aspectos (por que outro motivo você desejaria estar com ele?), mas, por outro lado, ele é *muito* errado para você.
- Apesar de toda a proibição, o Proibido pode lhe mostrar seus próprios valores e levá-la a compreender que não deve deixá-los para trás.

PALAVRAS DE UMA TERAPEUTA

Os relacionamentos nos quais você descobre o que não quer são muito valiosos. As mulheres namoram tendo um ideal do que desejam. Quanto mais experiência adquirem namorando diversos homens, mais percebem o que *não* querem, o que é igualmente importante. Mas, se o relacionamento não é nem remotamente positivo, por que insistir?

— Jennie Ackerman, Nova York

POR QUE O PROIBIDO ME ATRAI?

Talvez porque você esteja tomando pílula. Tony Little, das Universidades St. Andrews e Stirling, na Escócia, concluiu que, quando uma mulher não está ovulando, é mais propensa a escolher um parceiro sexual com base na aparência do que em sua habilidade para cuidar de crianças. Parece que as mulheres que não tomam pílula gostam de homens com traços mais suaves (diz o estudo) e mais habilidosos para criar filhos. Isso soa suspeito, quando se pensa naquelas mulheres que usam formas alternativas de controle de natalidade e mesmo assim gostam de homens sensíveis. Seja como for, Little alerta que, quando a mulher para de tomar pílula, pode pensar melhor e não se interessar mais pelo homem que antes a fascinava.

"Does the Pill Change Women's Taste in Men?", *Sex News Daily! B,* 385, 22 de janeiro de 2003. Disponível em: <http://www.sexnewsdaily.com/issue/b385-012203.html#oral%20contraceptives>.

O MAIS PROIBIDO
MICHAEL JACKSON

Lisa Marie, o que você tem na cabeça? Dizem que, depois que se casou com Michael Jackson, ela mal podia acreditar no que tinha feito. Mas, na hora, não hesitou em exibi-lo diante das câmeras para provar que ele não era um príncipe Proibido. Você conseguiria namorar o Michael Jackson?

Prós
- Os movimentos de dança dele podem se reproduzir em movimentos deliciosos na cama.
- Se você gosta de lhamas, ele tem lhamas. Perfeito!
- Quem não apreciaria o rancho Neverland?

Contras
- Os escândalos o acompanham como uma namorada grudenta.
- Ele não aprendeu que o velho ditado "As crianças devem ser vistas e não ouvidas" não deve ser interpretado ao contrário.
- Ele gosta tanto de cirurgias plásticas que talvez você nem o reconheça amanhã.

TESTE
ACEITA UM PROIBIDO?

Responda "sim" ou "não" a cada item. Depois, verifique sua pontuação e veja se um Proibido é aceitável.

___ 1. Assim que percebo que ele não dará certo comigo, caio fora.
___ 2. Sei exatamente o que quero.
___ 3. Sou capaz de me transformar, só para ficar com o homem que amo.
___ 4. Tenho certeza do que faria em qualquer situação de namoro.
___ 5. Se ele tem valores diferentes dos meus, eu lhe mostro o caminho certo.
___ 6. Posso namorar uma pessoa cuja ideia de diversão seja totalmente diferente da minha.
___ 7. Gosto de um romance no qual nós mais discordamos do que concordamos.
___ 8. Com a maioria de meus namorados, temos pontos de vista completamente diferentes sobre várias coisas.
___ 9. Os homens que namoro são tão parecidos comigo que poderíamos ser irmãos.
___ 10. Conheço um Proibido e acho que daria certo.

Pontos
1. Sim: 0   Não: 1   6. Sim: 1   Não: 0
2. Sim: 0   Não: 1   7. Sim: 1   Não: 0
3. Sim: 0   Não: 1   8. Sim: 1   Não: 0
4. Sim: 0   Não: 1   9. Sim: 0   Não: 1
5. Sim: 0   Não: 1   10. Sim: 2   Não: 0

0-5 Você o estrangularia num minuto. O Proibido não é para você.
6-7 Se você se acalmar um pouco, pode se dar bem na companhia do Proibido.
8-11 Aproveite o prazer do homem errado.

11
O RICO

Quando as mulheres fantasiam a respeito do príncipe perfeito, geralmente é um homem rico. Claro que salvar o mundo e inspirar as gerações futuras são coisas admiráveis, mas, em um mundo ideal, os estudos estão pagos, o financiamento da casa quitado, outra pessoa se preocupa com as finanças no seu lugar e há um ou dois carros na garagem.

Quando somos realistas, no entanto, esses sonhos de bonança se tornam mais flexíveis. A revista *Newsweek* relata que 50% das jovens universitárias não consideram o potencial de renda de um homem quando pensam em seus futuros parceiros.[1]

Formei-me na faculdade antes dessas mulheres, e costumávamos falar da tal *ambição*: "Ele não precisa ter dinheiro, mas deve ter ambição" – assim, poderia ser, talvez um dia, rico. Isso não quer dizer que queremos ficar em casa o tempo todo com nossos futuros filhos; só queremos ter essa opção. Minha mãe não tinha dúvidas quanto à questão: "Você pode amar um homem rico com

---

[1] B. Kantrowitz, "Hoping for the Best, Ready for the Worst", *Newsweek*, 12 de maio de 2003.

a mesma facilidade que amaria um pobre"; e quando eu explicava que não precisaria de muito dinheiro porque queria, na verdade, escrever, ela retrucava: "Não seria melhor escrever numa sala ensolarada o dia todo, sem se preocupar com dinheiro?" (Pelo menos a sala ensolarada eu consegui.)

COMO VIVE O OUTRO LADO

Consideremos o príncipe Rico. Assim como todos os outros, ele não serve para casar – por enquanto. Serve, isso sim, para você ver como vive o outro lado, quanto você gosta da vida de riqueza ou se acha a situação claustrofóbica ou banal. O objetivo de estar com ele é se divertir sem ter de calcular quanto vai custar a noitada e compreender suas fantasias e reais necessidades.

Tive dois príncipes Ricos. Ambos me mostraram coisas ótimas e, no fim das contas, reforçaram-me a certeza de que o dinheiro não é tão importante para mim.

Ronaldo frequentava a faculdade e morava em Washington com a mãe, representante do governo de um pequeno país da América do Sul. Senti-me atraída por Ronaldo, admito hoje, por causa de seu sublime sotaque. Ele foi também um de meus poucos príncipes que concordavam comigo que passear de bicicleta, caminhar ou correr eram maneiras perfeitas de passar o dia. Não me apaixonei pelo dinheiro de Ronaldo, mas, com certeza, mal não fazia. Ele me levava para ver a orquestra sinfônica, ao balé e a jantares maravilhosos. Ele se referia ao pai como "Banco do Papai". O dinheiro para ele era essencial. Um dia me confessou que o pai dizia a ele e a seus irmãos que, se não fossem milionários até os 30 anos, eram fracassados. Quando uma enorme borrasca soterrou Washington na neve, ele declarou que eu não deveria pagar os impostos aquele ano porque minha rua não fora limpa. Admitiu, em seguida, sem o menor constrangimento, que os membros de sua família nunca pagavam impostos (ninguém paga na terra dele, explicou). Quando o convidei para jantar uma noite, ele ficou se mexendo na cadeira o tempo todo, incomodado. Ele não podia pagar a conta? Eu queria mesmo dividir? O desconforto não era porque queria ser generoso – era questão de orgulho masculino. Ele é quem mandava, era o Rei do Mundo, aquele que os outros contemplavam.

Terminamos quando ele ajudou um colega da faculdade a colar num exame e não pôde compreender por que isso me incomodava. Parece que o fato de ter muito dinheiro o deixava sem uma orientação moral; ele não tinha ambição nem caráter, sempre esperando tudo de mão beijada. Para mim, não se preocupar era uma coisa, sabotar o sistema era outra (e, sim, segundo tais critérios, eu já deveria ter largado dele quando disse aquilo sobre os impostos, mas será que mencionei seu sotaque *sexy*?).

Daniel também era rico – e orgulhoso disso, embora fosse mais modesto. Disse-me que o fato de ter me mostrado a cifra de um milhão de dólares em sua conta bancária era sinal de quanto gostava de mim. Comprava tudo em liquidação, mas adorava o jato particular de seus pais e sua segunda casa na França. Ele agia de duas maneiras: trabalhava numa organização sem fins lucrativos e usava camisetas de lã, enquanto dirigia um monstruoso utilitário esportivo e possuía uma casa só dele, bem antes de completar 30 anos. Quando queria parecer um homem do povo (brincando com a ideia de se candidatar a um cargo público, por exemplo), ele era o "sem fins lucrativos", o sujeito que ia atrás dos descontos e calçava tênis velhos. Quando alguém discordava dele, porém, ou quando sentia que o mundo o havia decepcionado, julgava-se no direito de receber mais respeito, um serviço de mais alta qualidade, porque no fundo achava que o mundo lhe devia muito. O mais assustador para mim foi quando ele disse, sem mais nem menos, num dia em que falávamos de nosso possível futuro: "O que você pode acrescentar ao nosso relacionamento?" E não estava se referindo ao meu senso de humor nem aos meus dotes culinários.

Há vários motivos para não nos casarmos com cada príncipe, mas podemos apenas namorá-los. E o príncipe Rico pode ser um supernamorado.

Ele me levava para jantar e servia ótimos vinhos. Sabia como tratar uma mulher e me ensinou a apreciar as coisas boas da vida.
– *Alice*

Presentes, presentes, presentes! Todo mundo gosta de presentes! Eu ganhava tudo o que queria e sempre que queria. Mas percebi que dinheiro não traz felicidade, e eu estava à procura de alguém para preencher o vazio em minha vida, o qual não podia preencher sozinha. Não sou uma pessoa superficial, e odiava me sentir tão vazia.
– *Hope*

Esse é o ponto forte de todos os príncipes. Você começa a namorar pelo que eles são – e acaba descobrindo muito sobre você mesma. No caso de Daniel, percebi como o dinheiro pode construir ou destruir um homem. No caso de Ronaldo, descobri, por mais clichê que pareça, que nem tudo que reluz é ouro.
O que não significa que não vale a pena enquanto dura.

Ele viajava e deixava todas as roupas no hotel onde se hospedava, e pedia à mãe que comprasse roupas novas, embora só tivesse usado as outras uma vez. Sua impetuosidade e imprevisibilidade, bem como seu verdadeiro descaso com o dinheiro, me fascinavam. Seu estilo de vida era surpreendente. Fazer parte daquilo era incrível.
– *Lucy*

Quando começamos a namorar, eu não sabia que ele tinha tanto dinheiro. Mas, como tinha, as coisas ficavam mais fáceis. Pela primeira vez na vida, não precisava me preocupar em ter dinheiro suficiente para dividir a conta do restaurante.
– *Mandy*

MAS E VOCÊ?

O Rico pode lhe proporcionar uma sensação de estabilidade, oportunidade e segurança, que talvez você nunca tenha tido antes. "Eu *estava* segura, não apenas *me sentia* segura", desabafa Gayle. Mas, sendo uma mulher que pensa, você começa a se perguntar: Qual é a diferença entre uma vida com dinheiro e a sua vida? É aí que o namoro com o príncipe ajuda a princesa a se conhecer.

Você é uma mulher que *precisa* da moda mais recente? Quando ouve falar que não se usa mais saia longa, joga as suas fora, ou as doa, para abrir espaço no guarda-roupa para as minissaias? Troca de celular o tempo todo, para usar as versões cada vez menores? Vale a pena ser artista, ou é estressante demais ver suas economias conquistadas a duras penas se esgotarem?

Você se orgulha em economizar cada centavo até poder comprar sua casa, ou fica se revirando à noite na cama porque ainda não conseguiu juntar seu primeiro milhão? Talvez o namoro com o príncipe Rico a leve a perceber que é um pouco suscetível demais à fantasia do Rico montado no cavalo branco e salvando o dia. Claro que um homem rico pode ser um acessório bom – e até necessário, se para você é importante não ter de se preocupar com dinheiro. Mas talvez seja hora de entender que você nunca será feliz como artista passando fome ou como funcionária do nível mais baixo na empresa, e que deve realmente ir atrás de um mestrado.

É importante distinguir quando um príncipe é divertido e bom e quando ele apenas representa algo que você precisa fazer sozinha – como ganhar dinheiro ou fazer terapia para lidar com seus medos.

Algumas mulheres não se sentem seguras ao lado de um namorado rico e acham que o excesso de dinheiro as deixa fora de prumo. A paz de espírito não está no dinheiro, e sim na família, nos amigos e em tênis e sutiãs fortes para você fazer seu *jogging*.

Nenhum príncipe pode ser tudo para você. E todos eles juntos também não formam o quebra-cabeça inteiro.

Algumas mulheres têm expectativas irreais em torno do príncipe Rico, as quais são esmagadas pelo narcisismo e egocentrismo que costumam acompanhar uma gorda conta bancária:

> Ele tinha muito dinheiro, mas o problema é que não gastava nada comigo! Certa noite, perto do meu aniversário, ele precisou trabalhar e chegou tarde. Tinha um lindo buquê quando abri a porta – havia umas sete ou oito flores diferentes. Agradeci e ele disse: "Eu teria trazido mais, mas elas foram pisadas". Olhei sem entender e perguntei: "Pisadas?" Ele explicou: "É, sabe quando o público joga flores para as pessoas no palco depois da apresentação? Bem, a maioria dos dançarinos pisou nas flores antes de eu poder pegá-las para você". Com todo aquele dinheiro, ele não podia ao menos me comprar flores decentes no meu aniversário? (Espero que isso não pareça presunçoso demais.) Acabei me cansando daquilo e escrevi uma lista com todos os motivos pelos quais o estava largando. Telefonei para ele por volta da meia-noite (ainda estava acordado) e li todos os itens da lista. Havia uns doze ou treze, nenhum repetido. Descobri que bonito + dinheiro + carro bom não é igual a homem estável. Uma pessoa é mais que sua aparência.
>
> – *Natalie*

Ronaldo tinha plena convicção de que o dinheiro move o mundo, e Daniel tinha certeza de que era mais importante que um taxista, só por causa de sua situação financeira. Mas todas nós sabemos que nenhum dos dois estava certo. O príncipe Rico é muitas coisas, mas não é tudo. Tampouco o príncipe Machão, mas como é divertido descobrirmos isso!

Passei por isso e aprendi

- Você pode desfrutar as coisas boas da vida, mas não precisa delas para sobreviver.
- Estar com o príncipe Rico e não se preocupar com dinheiro pode levá-la a perceber que passa tempo demais se preocupando com dinheiro.
- Dinheiro não compra amor – mas um bom jantar, ah, isso compra!
- Os ricos são mesmo diferentes de você e de mim: o dinheiro pode destruir a ambição, criar expectativas irreais, encorajar o egocentrismo e atrapalhar um relacionamento autêntico.

PALAVRAS DE UM TERAPEUTA

Algo que uma mulher pode aprender ao namorar um sujeito rico é que o dinheiro não é a salvação. É fácil pensar que riqueza é a resposta. Entretanto, com dinheiro as coisas geralmente ficam mais complicadas. Raramente ele resgata uma pessoa dos problemas da vida.

– Eric Levin, Filadélfia, Pensilvânia

RICOS E PODEROSOS

Se você está procurando um daqueles homens que formam a estrutura de poder do país e estiver disposta a fazer a lição de casa, frequente a aula do professor Channa Newman, "Brancos e ricos", na Faculdade Point Park, em Pittsburgh, Pensilvânia. A aula explora os líderes ricos e brancos de nosso século, o modo como alcançaram o poder e o impacto de sua riqueza e força em nós. As notas para aprovação se baseiam em dois projetos – uma pesquisa em alguma organização na qual os ricos se reúnem e outra sobre a vida e os horários de um homem rico e branco de sua escolha.

A descrição do curso não diz se você pode ganhar pontos extras por namorar um homem rico.

S. Russo, "Point Park College Prof. Teaches Course on 'Wealthy White Males'", Accuracy in Academia Campus Report, dezembro de 2002. Disponível em: <http://www.academia.org/campus_reports/2002/december_2002_4.html>.

O MAIS RICO
BILL GATES

O homem mais rico do mundo parece ter lugar permanente nas listas de mais ricos da revista *Forbes*. Em 2002, sua fortuna chegou a mais de US$ 50 bilhões.* Se ele fosse solteiro, você namoraria o Bill Gates?

Prós
- Quando você entrar numa loja de doces, será a criança mais conhecida de lá.
- Você pode testar a teoria "É o dinheiro que move o mundo".
- Quer sair para espairecer? Que ilha quer comprar?

Contras
- Pense na pilha de correspondência inútil e de solicitações que ele recebe. Será que há algum tempo para passear?
- Ele tem todo esse dinheiro e ainda assim seu corte de cabelo é ridículo.
- Ele não terminou a faculdade. O que isso nos diz sobre suas ambições?

* "Forbes World's Richest People: 2002." Disponível em: <http://www.forbes.com/billionaires2002/home.html?passListId=10&passYear=2002&passListType=Person>.

TESTE
O PRÍNCIPE RICO SERVE PARA VOCÊ?

Responda "sim" ou "não" a cada item. Depois, verifique sua pontuação para saber se o Rico serve para você.

__ 1. Posso deixar a carteira na bolsa quando meu namorado pega o cartão da Amex, sem revirar os olhos ou resmungar: "Exibido".
__ 2. Posso me acostumar a ganhar presentes o tempo todo.
__ 3. Viro a cabeça para o lado e assobio uma canção qualquer quando uma pessoa age como se o dinheiro fizesse dela mais que um cidadão comum.
__ 4. Posso ir tranquilamente ao concerto de uma orquestra sinfônica e depois voltar para a minha casa, que não é nenhum palácio.
__ 5. Ignoro os comentários de "interesseira" de minhas amigas.
__ 6. Sento-me tranquilamente ao telefone enquanto ouço minha mãe sonhar com uma aposentadoria fácil.
__ 7. Não mudaria nada em minha vida, mesmo que tivesse a chance.
__ 8. Se um homem me levasse a um jantar chique e a um *show*, eu me sentiria obrigada a compensar – sexualmente, se não tivesse outra opção.
__ 9. Sempre fiquei imaginando como vive o outro lado.
__ 10. Conheço um Rico e acho que daria certo.

Pontos

1. Sim: 1	Não: 0	6. Sim: 1	Não: 0
2. Sim: 1	Não: 0	7. Sim: 0	Não: 1
3. Sim: 1	Não: 0	8. Sim: 0	Não: 1
4. Sim: 1	Não: 0	9. Sim: 1	Não: 0
5. Sim: 1	Não: 0	10. Sim: 2	Não: 0

0-5   Revire os olhos e siga seu coração: o Rico não é para você.
6-7   Deixe-me ver de novo aquele colar. Poderia até convencê-la.
8-11 O Rico é um príncipe na sua lista.

12
O MACHÃO

O príncipe Machão teve seu auge quando o Village People cantava "Macho, Macho Man", e seu charme tem se mantido estável desde aquela época. (E mesmo nos tempos da discoteca a banda tocava a música por ironia, rindo do fato de estarem bem longe do "masculino" tradicional.) Machão conota o indivíduo de *jeans* apertados, usando mais joias que a namorada, andando de peito estufado pelas ruas. Nem o dicionário tem uma definição muito melhor. Alguns dos sinônimos apresentados são "abusado", "arruaceiro", "brigão", "valentão", "dado a bravatas, vive alardeando ser mais valente do que realmente é", além de estar associar a termos como "pretensão" e "autoendeusamento".

POIS É, ATÉ O PRÍNCIPE MACHÃO

Embora não goste de intimidação e pretensão, como qualquer outra garota, vejo certo charme no Machão, como em qualquer outro de nossos príncipes (você sabia que eu veria!).

Ele faz as coisas acontecerem

O atrativo do Machão aparece geralmente nos anúncios de carro. Um comercial de tevê de 2001, do Nissan Frontier, descrevia a caminhonete como "uma porrada de duas toneladas". (O interessante é que o CEO da Nissan francesa não conhecia a expressão "porrada", mas, quando lhe explicaram, ele concordou com o comercial.)[1]

Um príncipe que "sai na porrada" – em sentido figurado, que fique claro – não é apenas o homem com quem você quer estar numa ruela escura; ele é o sujeito que diz à operadora de TV a cabo que não, você não pode esperar a visita dos técnicos entre nove da manhã e seis da tarde, na esperança de que o instalador venha logo. Ele é o sujeito que insiste no restaurante – com firmeza e sem trepidar a voz – que *não*, a mesa perto da cozinha, ao lado de uma criança berrando, *não é* de seu agrado. É aquele que não pisca quando as placas na estrada avisam "Desvio à frente" e a chuva está caindo torrencialmente do céu fechado.

Ele é muito homem

Sim, todas nós conhecemos os atrativos do homem sensível. Mas estou falando agora sobre o sujeito que, por estar ali, com seus braços grandes e passo firme, faz você se sentir mais mulher. De repente, você tem mais consciência de seu cabelo (e afinal de contas quem liga para o cabelo, exceto quando está vendo comerciais de xampu, nos quais os cabelos deslizam até os ombros de um jeito que o cabelo normal nunca faria), do modo como sorri discretamente, com as pontas dos lábios vermelhos e carnudos se curvando para cima. Quando você menos espera, quando está perto do príncipe Machão, seus ombros se jogam para trás e,

---

[1] J. R. Healy, "Nissan Pours on the Macho", *USA Today*, 24 de julho de 2000.

de repente, lá vão os seios! Quem é esse sujeito que a torna perfeitamente ciente do corpo em que você vive, mas que até agora não tinha aproveitado?

Ele é muito homem. E os homens gostam de ser considerados muito homens. O estado do Oregon compreendeu essa necessidade quando passou a procurar mais enfermeiros. Lançou uma campanha de macho, com homens do tipo estivador, sendo desafiados para trabalhar como enfermeiros, e a frase: "Você é homem suficiente para ser enfermeiro?"[2] Tudo girava em torno do velho debate: Um homem pode ser homem (fazer a gente empinar os seios) e trabalhar como enfermeiro? Ou professor de educação infantil, ou qualquer outra coisa que envolva toque e sentimento?

Há muitas situações em que ser o estereótipo do machão não leva a nada, mas pode levar a muita coisa se ele for o príncipe do momento.

Ele faz as coisas acontecerem e é muito homem também na cama

Veja o capítulo sobre o príncipe do Sexo, se duvida do atrativo deste. Um filme independente do início da década de 90 começa com uma longa cena de sexo. Demora tanto, na verdade, que a heroína olha várias vezes para o relógio no criado-mudo. Está frustrada com seu *sexy* amante latino. O que ele quer provar? Ela tenta entender isso até o momento em que surge um clima entre ela e o chefe, mas ele é tão rápido na cama que ela mal consegue esquentar. Só então, em agonia, percebe a importância do Machão.

---

[2] W. Lawton, "Hey, Fellas: Operation Tries to Get Guys into Nursing", *Oregonian*, 14 de novembro de 2002.

MEU MACHÃO

Namorei um Machão numa base do exército em Israel. Eu tinha acabado a faculdade e estava procurando uma aventura. Encontrei-a na base, onde eu e outras americanas igualmente delicadas trabalhamos como voluntárias entre machões, por três semanas. Cientes do charme do Machão, as garotas se aproximavam dos soldados. Meu namorado na época era Giddy, um jovem de 18 anos que ficava o máximo quando segurava um maçarico.

Em nosso primeiro dia na base, o coordenador nos dividiu em grupos. As meninas iam ajudar na lavanderia ou no escritório, e os rapazes no conserto dos jipes (*jeepem*, em hebraico), com maçaricos e instrumentos afiados. Eu não queria nada daquilo, e levantei a mão. "Gostaria de trabalhar na oficina", disse. Uma sala cheia de Machões se virou, observando-me. Retribuí o olhar.

Giddy me mostrou como ligar o maçarico, como manusear a luz azul. Quanto à máscara de proteção, tive de aprender a usá-la sozinha, porque ele se recusava a colocá-la. Ganhei a admiração das outras meninas por namorar Giddy, conseguindo inclusão numa ordem fechada à qual nunca fora admitida nos tempos de escola. Mas, ao namorar meu príncipe Machão, ganhei muito mais do que isso.

Não foi a influência de Giddy que me levou a trabalhar como voluntária com fogo, usando mangas compridas e calças, num posto avançado no deserto, em pleno verão. Sempre senti essa necessidade de forçar meus limites, de provar minha sofisticada conversa "feminista" com mais do que palavras. Mas foram ele e seus colegas soldados – que sem dúvida ficavam imaginando quando eu me cansaria – que me incentivaram a continuar. Entrei até para o time de futebol masculino. Jogo futebol muito mal (miha posição era "banco à esquerda" na escola), mas, como era menor que os rapazes no time, era rápida. Jogava depois do trabalho na oficina, e se ninguém parasse para tomar água, eu também não parava. Fiquei conhecida na base vizinha como "a menina do futebol". Certa vez, quando tive de cumprir uma tarefa naquela base, um soldado me olhou de cima a baixo: "*Você* é a menina do futebol?", perguntou. Ele devia imaginar uma garota mais robusta, ou no mínimo um pouco mais alta e forte. Mas disse aquilo em tom de respeito.

Não que tudo acerca do Machão seja bom. Se fosse, ainda sairíamos com muitos homens usando camisa com a gola aberta até os ombros, para exibir melhor suas correntes e peito peludo. Ou, pelo menos, veríamos mais homens que não se ofendem com o título.

Mesmo quando o Machão tem um núcleo suave, geralmente é coberto por uma casca grossa:

Imagine uma boa menina judia namorando um bom mexicano católico. No caso dele, todos os estereótipos eram verdadeiros. Ele era superprotetor e territorial, mas também incrivelmente romântico. Procurou-me por toda a cidade universitária para me pedir que fosse sua parceira na festa formal da fraternidade. A parada final era em casa, e subíamos as escadas entre beijos e chocolate. Meu quarto vivia cheio de doces, flores, balões de ar. Ainda guardo as fotos num álbum.

Mas como ele ficava furioso quando outro garoto me olhava!

– *Maya*

E é sempre possível que a casca grossa encubra mais do que você imagina:

Certa vez, namorei um rapaz da Marinha que era obcecado só por estar lá, e achava que seu uniforme obrigava todos a respeitá-lo acima da população "civil". Ele tinha outros estereótipos do Machão – consertava carros e motos que participavam de *motocross*, e participava de todos os tipos de competição atlética – e tinha de ser o

melhor e o vencedor em tudo, inclusive em jogos do tipo Imagem & Ação. Ficava muito bravo se outro homem sequer olhasse em minha direção. Estava sempre disposto a arrumar briga no bar por qualquer um desses motivos.
Mas um detalhe interessante: quando nos separamos, ele roubou todas as minhas revistas *gay* masculinas. Hummm...

– Andrea

Brincar com o Machão de verdade faz com que a frase "É divertido até alguém perder um olho" seja um alerta. O que, por um lado, pode ser lisonjeiro:

Quando comecei a namorar certo rapaz, ele e seu melhor amigo tiveram uma briga gigantesca e quase perderam a amizade (pelo menos segundo os rumores que ouvi). Na época, fiquei meio chocada. Não tinha ideia de que seu amigo se interessava por mim. Depois, achei até engraçado.
Uma amizade destruída... por *minha* causa? Claro que me senti lisonjeada pelo fato de dois homens quererem me namorar e *brigarem* por mim. É legal ou não é?

– Christy

Mas chega um momento que basta:

Namorei alguns Machões. Sempre queriam brigar, bater em alguém (não em mim, graças a Deus). Um deles quebrou a mão ao dar um murro em um caminhão. O ferimento afetou sua carreira de jogador de futebol americano na faculdade. E o que ele pensava disso? "Pelo menos não foi em uma pessoa." Todos eles eram tão irritantes, constantemente paranoicos, achando que alguém os estava provocando, quando nada disso era verdade. Agora que penso nisso, nunca cheguei a ver uma briga mesmo entre dois homens. Geralmente, não passava de conversa, sem ação (a menos que considere o murro no caminhão).

Hoje estou com um homem bastante passivo, sossegado, do tipo que não machucaria uma mosca e que raramente se irrita.

– *Ruth*

De novo, namorar determinado tipo de homem ajuda você a ver o que realmente quer da vida.

A menos que aquilo que você deseja da vida seja mudar uma pessoa. (Música de baixo astral no fundo.) Este é o espinho na moita do Machão: a ideia terrivelmente ingênua de uma mulher (geralmente) jovem de que é capaz de salvá-lo de si mesmo. Pare por aí: os príncipes servem para você se divertir, experimentar e aprender mais sobre si mesma. Como dizem a respeito do mergulho, deixe apenas pegadas, só tire fotos. Não mude a paisagem. As pessoas crescem em ritmo próprio, não de acordo com os interesses dos outros. Mas, se você estiver disposta a aceitar as regras desse príncipe e não tentar transformá-lo em algo para o qual ele não está preparado, o Machão pode ser muito divertido e bom para o seu ego.

Mesmo assim, as pessimistas vão criticar meu amor pelo Machão. Vão me perguntar por que não posso desviar na estrada, debaixo de chuva, sozinha. Sei perfeitamente que nós, mulheres, somos capazes de fazer as coisas. Isso não diminui o charme de um homem duro e valente como o príncipe Machão. Não temos de nos diminuir por causa disso (por acaso, a destreza do príncipe do Sexo reduz a nossa destreza?), mas podemos apreciar a força dos outros. Nesse caso, os outros são durões e *sexy*.

Se você gosta do Machão, pode arriscar um pouco mais e dançar com o príncipe Perigoso. Leia mais.

Passei por isso e aprendi

- É bom se sentir a rainha do mundo (mas não precisam se digladiar para defender o título).

- Os homens costumam crescer e sair do modo "machismo"; por isso, corra se quiser se divertir.
- Uma ligação profunda é ótima, mas às vezes você só precisa de uma brincadeirinha numa noite de sábado.

PALAVRAS DE UMA TERAPEUTA

Um homem do tipo machão é provavelmente alguém muito independente, com um forte senso de si. Portanto, pode ser bom para uma mulher com traços e tendências de codependência, pois uma pessoa com essas características procura um parceiro de quem ela possa cuidar. Um machão não reforçaria essas tendências prejudiciais.

– Leigh Heerema, Bloomfield, New Jersey

QUEM, EU? COM MEDO?

De acordo com um estudo da Universidade Purdue, os homens querem que pensemos que eles não têm medo. Os pesquisadores perguntaram a homens e mulheres se tinham medo de rato, peixe e montanha-russa. Os homens riam da pergunta. Em seguida, os grupos tiveram de assistir a filmes que mostravam ratos, peixes e montanhas-russas. Dessa vez, disseram a eles que seus batimentos cardíacos estavam sendo monitorados (mas não estavam), de modo que o nível de medo podia ser medido. Quando os homens pensaram que seus medos estavam sendo eletronicamente captados, admitiram que sentiam mais medo do que imaginavam. As mulheres pareceram mais honestas, relatando o mesmo nível de medo nas duas situações. Conclusão? Parece que os homens têm mais medo de peixes, ratos e montanhas-russas do que admitem. E não gostam muito que descubram isso. Parece um comportamento bem machão para mim.

"Macho Man: Men Afraid to Admit They're Afraid", *HealthDayNews,* 2003. Disponível em: <http://www.hon.ch/News/HSN/513546.html>.

O SUPERMACHÃO
ARNOLD SCHWARZENEGGER

O Machão quintessencial é Arnold "Hasta la vista, baby" Schwarzenegger. No banco do passageiro do Hummer dele, você é intocável. Você namoraria o Exterminador?

Prós
- Você não precisa se preocupar se algum dia ficar presa debaixo de uma caminhonete.
- Sempre que ele sair, você sabe que "voltará" (lembra do "I'll be back", em *O exterminador do futuro*?).
- Como primeira-dama da Califórnia, terá guarda-costas Machões também.

Contras
- Você não consegue entender 90% do que ele diz.
- Ele não tem uma fama muito boa na Califórnia.
- Você terá de lidar com os Kennedys.

TESTE
VOCÊ ESTÁ PREPARADA PARA O MACHÃO?

Responda "sim" ou "não" a cada item. Depois, verifique sua pontuação para decidir se quer um Machão.

___ 1. Eu mesma conserto a droga do carburador, obrigada.
___ 2. Meu filme favorito é *Embalos de sábado à noite*.
___ 3. Gosto de um homem que mataria qualquer um que me olhe de um jeito suspeito.
___ 4. Qualquer um pode pichar meu nome numa ponte. Quero comunicação honesta e profunda.
___ 5. Não gosto muito de levar meu cachorro para passear à noite, sozinha.
___ 6. Homens de verdade fogem de brigas.
___ 7. É mais rápido caminhar pelas ruas com tanto apoio.
___ 8. Qualquer homem que me disser "*minha* mulher" leva um chute no saco.
___ 9. Gosto de escolher meus namorados na academia – de preferência, que levantem mais peso que eu.
___ 10. Conheço um Machão e acho que daria certo.

Pontos

1.	Sim: 0	Não: 1	6. Sim: 0	Não: 1
2.	Sim: 1	Não: 0	7. Sim: 0	Não: 1
3.	Sim: 1	Não: 0	8. Sim: 0	Não: 1
4.	Sim: 0	Não: 1	9. Sim: 1	Não: 0
5.	Sim: 1	Não: 0	10. Sim: 2	Não: 0

0-5 Você precisa de um homem um pouco mais sensível que o Machão.
6-7 Considere a possibilidade de um Machão.
8-11 Ele é todo homem e é todo seu.

13
O PERIGOSO

[...] E assim foram levadas
Como pilhagem de matrimônio; muitas se tornavam
mais belas pelo pânico. Qualquer rapariga que resistisse
Ao perseguidor
Certamente acabaria por descobrir-se
Levada por ele, enfim. – Por que estragar olhos tão doces com lágrimas?
– ouvia ela. – Serei para ti
O que teu pai foi para a tua mãe.

– Ovídio, *A arte de amar*

As mulheres sempre se derreteram pelo *bad boy*. Homens usando esporas se enfrentavam em ruas desertas, de terra, declarando que a cidade era pequena demais para os dois, enquanto mulheres de saias com babados ficavam observando atrás das portas dos salões. As mães vivem alertando as filhas para se afastarem do sujeito com um meio sorriso maroto, e as meninas vivem virando a cabeça e sorrindo para eles. Dois mil anos antes de eu estremecer diante dos garotos de *Vidas sem rumo* e colar um pôster de Ralph Macchio no meu guarda-roupa, Ovídio já escrevia poesia a respeito do fenômeno do Perigoso.

É porque o Perigoso é notório, *sexy* e muito divertido. Com ele, você vive fora dos parâmetros de sua vida e se arrisca (mesmo que só para observar os riscos que ele corre). Com o príncipe Perigoso, você corre com os lobos. Já fiz isso, e é maravilhoso. Embora nunca tenha corrido perigo pessoalmente (a menos que viajar na garupa de uma moto conte como perigo), provei a liberdade, a "maldade", o emocionante risco com rapazes que têm "Perigoso" tatuado nos bíceps.

> Ele era divertido. Abriu-me os olhos para o "mundo real" e para o meu lado selvagem. Estava desesperada para deixar transparecer esse lado. Deixar os cabelos soltos e ser selvagem e espontânea, porque no fundo sou assim.
>
> – *Hope*

A ATRAÇÃO DO PERIGO

O príncipe Perigoso serve a um destes três propósitos em nossa jornada romântica.

Explorar a instabilidade

Como o Perigoso assume a titularidade do perigo e da desaprovação, podemos descobrir nosso lado selvagem com relativa segurança.

> Eu gostava do fato de ele ser perigoso e agitado e se dar bem. Gostava de como ele era diferente da maioria dos rapazes que eu havia namorado: as histórias que contava, as pessoas que o escutavam, o modo como eu me sentia quando estava com ele.
>
> – *Jane*

Ele não era totalmente o meu tipo. Era o "garoto mau" – usava drogas (embora não quando estava comigo, acho), transava muito (não comigo), faltava às aulas, não passava nas provas, dirigia rápido demais, fumava, bebia, dirigia rápido enquanto fumava e bebia... todas aquelas coisas que fariam minha mãe desmaiar, se lhe contasse. Ele tinha uma beleza física de garoto mau que era muito atraente. Realmente me vi mudar quando estava com ele. De certa forma, ele me tirava do casulo. Lá estava eu, a virgem boazinha de 18 anos, com aquele garoto rebelde que tinha engravidado outra menina antes de me namorar. Ele era feroz, e um pouco disso me contagiou. Começava a pensar diferente quando estava com ele, e dizia coisas que nunca pensei que seria capaz de dizer. Durante aquele semestre, cheguei a fumar um pouco (só cigarro), coisa que nunca tinha feito e nunca mais fiz.

Pensando nisso agora, percebo que gostava dele porque estava cansada de ser a boa menina e queria uma mudança.

– *Natalie*

Um Perigoso que namorei, Benny, que tinha tatuagem e andava de moto, fazia festas selvagens e um tanto ilegais na faculdade e ia para a cama com certa estrela do *rock* quando ela estava na cidade. Eu não entendia muito bem aquele tipo de comportamento – festas fora de controle e atitude de tiete –, mas nem por isso evitava suas histórias loucas. Queria aquecer minhas mãos no fogo dele, mas sem queimá-las.

E, às vezes, chegamos muito perto do fogo. Gayle ia para a cama com seu professor da faculdade. Compreendendo a ironia, ela admite que ele "encorajava" sua redação, embora lhe prejudicasse a moral. Ela percebia a "falta de ética" da situação, mas "queria ficar com ele mesmo assim". Embora espere já ter se livrado disso, descobriu a surpreendente verdade acerca de si mesma e do que "é capaz de fazer".

Flertar com o perigo nos permite experimentar nossas partes perigosas através de outra pessoa. Quando não aprovamos essas partes, "é mais fácil lidar com elas no namorado", diz a terapeuta Deborah Shelkrot Permut. "Se o namoro é visto como uma série de experiências da mulher, as quais podem ser divertidas, dolorosas ou gostosas, mas que revelam coisas sobre si própria, o namorado perigoso é uma experiência grandiosa."

Concordo plenamente!

Explorar nossos limites – e decidir aonde queremos chegar

Anna Rosner, cuja pesquisa descrevo no capítulo 2, acha que boa parte da literatura enfatiza a lição de que a mulher é esperta para "reconhecer o potencial para a infelicidade" com um parceiro perigoso. Bélasire, a heroína de *Zaïde* (1670), de Madame de La Fayette, por exemplo, se apaixona pelo belo Alphonse. Ele é um homem "violentamente ciumento e volátil", diz Rosner, e a desesperada e infeliz Bélasire percebe que a união deles só poderia levar a uma dor ainda pior. Resolve não se casar com Alphonse (acredita que nasceu com "aversão ao casamento") e se retira para um convento.

"Lembre-se de mim", diz ela a Alphonse, "e deseje, para a minha serenidade, que eu nunca me lembre de você."[1]

Na vida real, Sarah também descobriu os próprios limites namorando um Perigoso:

> Ele tinha um trabalho interessante e me levava a festas com pessoas famosas. Era bonito, meigo, amoroso, generoso, mesmo quando estava apertado. Comecei a ir mais a festas que ele, e no fim ambos tivemos de fazer tratamento por dependência química. Era o fim de minha velha vida, e o começo de minha vida atual, que é ótima. Na época, viciei-me em aventura. Não queria ver meus problemas, colocando a culpa no vício dele. Mas foram tantas ressacas e sangra-

---

[1] Anna Rosner, comunicação pessoal com a autora, agosto de 2003.

mentos pelo nariz... Agora aprendi meu valor... Trato a mim mesma e as pessoas à minha volta com as melhores intenções e a mente clara.

Um desafio – talvez possamos mudá-lo

Esse cenário só funciona nos contos de fadas. Anna Rosner deparou com um desses contos em que o amor e o casamento transformam o homem perigoso em um homem bom, transmitindo uma mensagem às jovens leitoras:

> Muitos dos parceiros masculinos eram, a princípio, perigosos. Veja, por exemplo, a Fera, em *A Bela e a Fera*. É um personagem interessante, pois sua aceitação pela Bela revela uma lição muito clara para as moças: você deve aceitar seu marido, com ou sem verrugas, e isso lhe garantirá a subsequente "recompensa" (a transformação da fera em príncipe). É essencial lembrar que a maioria das jovens aristocráticas era obrigada a aceitar um casamento infeliz, porém financeiramente benéfico, com homens muito mais velhos e experientes.[2]

Mas a vida real não é um conto de fadas. Na vida real, geralmente descobrimos o contrário: você não pode mudar ninguém – uma lição valiosa.

> Ele usava drogas e andava com um povo agitado. Era menor de idade e bebia o tempo todo, também. Era *extremamente* esperto, mas seu nível de maturidade era praticamente nulo, exceto para namorar. Tinha sentimentos genuínos por mim. No entanto, não despertava o melhor de mim. Também me levava a agir de modo mais frio do que o natural. Eu agia de um modo que me deixasse parecida com ele e me enturmasse com seus amigos.
> Ele foi o primeiro *bad boy* que namorei. Antes dele, só havia namorado os tipos "certinhos". Queria ver como era um garoto mau. Gos-

---
[2] Ibidem.

tava de transar e de ficar com um *bad boy*. Apreciava que as outras pessoas com quem trabalhávamos soubessem que estávamos juntos. As outras meninas tinham tanto ciúme quando nos viam juntos!
Um dia, porém, o peguei me traindo. Fui visitá-lo no trabalho, mas não sabia que ele estava de folga. Quando cheguei à loja, ele estava passando com sua outra namorada. Fiz um escândalo e disse que estava tudo acabado, na frente dela. Espero que ela o tenha largado também, no ato!
Dessa relação, aprendi a jamais mudar por causa de um namorado. Se você não aprova o comportamento dele (drogas, álcool etc.), expresse sua opinião. Se ele não respeita suas opiniões e sentimentos, dê o fora. Também descobri que sou capaz de aceitar uma pessoa pelo que ela é – ele bebia e usava drogas de vez em quando. Eu aceitava isso quando estava com ele. Reconheci, logo cedo, que não se pode mudar ninguém. Se uma pessoa quer mudar, mudará, mas ninguém pode controlar isso por ela.

– *Mandy*

Ele era tudo o que nunca vira em um namorado antes. Era o tipo contra o qual os pais e amigos nos alertam. Parecia profundo e misterioso. Vejo agora que era um derrotista. Nunca completava coisa alguma. Nosso relacionamento terminou quando ele saiu do país sem me avisar. Largou três cursos superiores. Nunca ia até o fim das coisas. A relação me ensinou que sou suscetível a imagens. Aprendi a olhar por trás da fachada, se quiser confiar na pessoa que está comigo.

– *Nancy*

Namorar o Perigoso funciona melhor quando você está interessada em passear pelos bairros perigosos, mas não quer comprar uma casa lá. É mais seguro andar de mãos dadas durante a exploração – além de mais excitante –, e é outra maneira de descobrir algo acerca de si mesma. É bom saber até que ponto se estende nosso lado negro, mesmo que só para compreender melhor nossas fronteiras.

PERIGOSO, MAS NÃO IDIOTA

Marianne Williamson nos diz: "Muitas mulheres [...] ficam presas num lugar perigoso, porém sedutor. Querem desesperadamente sair desse padrão, mas [...] não possuem autoestima suficiente para salvar a própria vida; por isso, envolvem-se em repetidos relacionamentos que são basicamente errados para elas".[3] Sou totalmente a favor do conselho de Williamson de evitar os homens secretamente casados que enganam as outras, seduzem-nas e, depois, as abandonam; os parasitas, predadores e vigaristas; os jogadores obsessivos autodestrutivos, alcoólatras e viciados em drogas; os sacanas e filhinhos de mamãe.

Mas temos de fazer uma distinção aqui. Existe a conhecida e velha dor, e existe o perigo. Os modernos autores de livros de autoajuda geralmente não distinguem entre as duas coisas e nos aconselham a nos afastar dos *bad boys*. Fico do lado do poeta da Antiguidade Ovídio, que sabe que, às vezes, a mulher reclama demais. Não me refiro aos sacanas, quando sugiro considerar a possibilidade do príncipe Perigoso. Estou falando dos homens que vivem a vida de maneira um pouco mais intensa do que você ou eu nos atreveríamos.

Namorar o Perigoso é experimentar a emoção das coisas proibidas. E tenho mais um pouco dessas coisas proibidas para você: o príncipe do Sexo.

Passei por isso e aprendi

- O Perigoso é capaz de manter vivo em nós o elemento do perigo, de sair da zona de segurança. Como disse o escritor Kurt Vonnegut: "À margem, você pode ver todas as coisas que não conseguia a partir do centro". Lembro-me de como era via-

---

[3] M. Williamson, *A Woman's Worth*. Nova York: Ballantine, 1994, p. 59 (ed. bras.: *O valor da mulher*. Rio de Janeiro: Rocco, 1995).

jar a toda velocidade na rodovia, na garupa de uma moto, sentindo o vento nos cabelos.
- Às vezes, precisamos de um príncipe Perigoso para nos dar ideias "loucas" e nos proporcionar aventuras, e há momentos em que queremos fazer isso sozinhas. Vou, por exemplo, até a fronteira da China sozinha, e assumo o crédito pela ideia.
- A vida não é um conto de fadas. Se ele parece a Fera, precisamos aceitar que não é o Belo.

PALAVRAS DE UMA TERAPEUTA

Namorar um homem perigoso é excitante. A mulher pode sentir que sempre foi "boazinha", e ficar, de repente, cansada de se comportar assim. Namorar o sujeito perigoso a ajuda a correr riscos que jamais pensaria em correr, mas sempre quis saber como eram. Casar-se com o Perigoso, porém, não é uma boa ideia, porque ela estará simplesmente se rebelando, dizendo "não" aos pais: "Não quero escutar vocês. Faço minhas próprias escolhas". O que a mulher precisa saber é se ele é um rebelde de verdade ou um reflexo do que ela é por dentro.

– RUTH GREER, RYE, NOVA YORK

A SAÍDA PERIGOSA

O *American Journal of Public Health* relata que em qualquer idade os homens têm menos saúde que as mulheres, bem como um índice de mortandade mais alto. Um dos motivos para isso é a propensão que eles têm para o perigo. Em comparação com as mulheres, eles morrem com o dobro de frequência em homicídio, suicídio e acidentes. Em situações em que o bom-senso poderia afastar o Anjo da Morte, preferem a saída mais perigosa. Bebem mais, por exemplo, e sofrem duas vezes mais de cirrose por causa disso.

Os homens também são mais propensos que as mulheres a trabalhar em empregos perigosos e a fazer coisas estúpidas. Pense nas piores brincadeiras de faculdade das quais você já ouviu falar. Não foram as mulheres que roubaram todas as roupas dos mais novos membros das irmandades e os soltaram em vizinhanças infestadas de criminosos no meio da noite.

Há perigo e há estupidez. Parece que os homens gostam bastante das duas coisas.

D. R. Williams, "The Health of Men: Structured Inequalities and Opportunities", *American Journal of Public Health*, 93, 5, maio, 2003, pp. 724-31.

O MAIS PERIGOSO
ANTONIO BANDERAS

No sucesso de 1995 *A balada do pistoleiro*, Antonio Banderas era apenas um *mariachi* à solta pelas ruas, até que um dia um traficante de drogas agride sua namorada. Quando menos se espera, ele está de porte de uma arma enorme e sai em busca de vingança pelas ruas poeirentas e espeluncas da cidade, sem se importar com a própria segurança. Você gostaria de ser a paixão da vida dele?

Prós
- Quando a matança acaba, ele toca música para você.
- A fumaça não sai apenas da arma recém-usada.
- Olhe o tamanho da arma!

Contras
- Você não pode ter melindres: vem muito sangue do território dele.
- É difícil fazer planos quando ele tem alguém para matar.
- Você vai passar muito tempo em bares.

TESTE
O PERIGOSO SERVE PARA VOCÊ?

Responda "sim" ou "não" a cada item. Depois, verifique sua pontuação e descubra se quer um príncipe Perigoso.

__ 1. Quero andar de moto; não quero *ter* uma moto.
__ 2. Sempre tive uma queda por homens de cabelo azul.
__ 3. Gosto de saber onde meu homem está o tempo todo.
__ 4. Gosto de levar meus namorados para casa, por isso ele precisaria tirar os brincos e encobrir as tatuagens. Fora isso, tudo bem.
__ 5. Admito: vivo julgando as pessoas.
__ 6. Sempre fui uma menina boazinha e pacata, mas cansei disso.
__ 7. Eu sei que ele *parece* não ter um lado suave – mas eu gostaria de tentar encontrá-lo.
__ 8. Sou ambivalente a respeito do *bungee jump*: às vezes parece divertido, outras vezes parece uma coisa idiota.
__ 9. Meu último namorado usava calça social todo dia.
__ 10. Conheço um Perigoso e acho que daria certo.

Pontos

1. Sim: 1   Não: 0
2. Sim: 1   Não: 0
3. Sim: 0   Não: 1
4. Sim: 0   Não: 1
5. Sim: 0   Não: 1
6. Sim: 1   Não: 0
7. Sim: 1   Não: 0
8. Sim: 1   Não: 0
9. Sim: 0   Não: 1
10. Sim: 2   Não: 0

0-5   Fique com o namorado que usa calça social.
6-7   Experimente soltar os cabelos.
8-11 Senhores, liguem as motos – ela está pronta para o Perigoso!

14

O PRÍNCIPE DO SEXO

Às vezes, você só precisa de sexo – da potência, do poder, da conexão, da liberação. Li, certa vez, um estudo que relatava que as pessoas que mais aproveitam o sexo são as mulheres cristãs casadas. Não tenho dúvidas de que isso acontece porque elas sentem, com plena convicção, que estão fazendo a obra mais deliciosa de Deus na cama, com a qual Ele as abençoou.

Minhas camas nem sempre foram tão abençoadas, mas não me queixo. Nunca fui de pular de cama em cama, mas, sempre que estou pronta para fazer sexo, exploro, rio e me entrego. É uma maneira nova de me expressar com uma pessoa, e conduz a uma maneira nova de me sentir desejada, apreciada, compreendida. Além disso, é um modo excelente de conhecer a vasta expansão e os limites de meu desejo, minha sensualidade, capacidade de intimidade física e habilidade para me soltar.

O VALOR TERAPÊUTICO

Às vezes, o sexo serve como um remédio, principalmente após uma dolorosa experiência que a deixa com o coração partido. Minha amiga Linda sabia que eu entenderia sua história:

Eu era amiga de Tim havia dois anos, período no qual namorei, fui morar com meu namorado, fiquei noiva, planejei o casamento e me separei de outro homem. Durante todo esse tempo, Tim me observava, esperançoso, e eu sabia. Alguns dias depois que Paul e eu terminamos, Tim me ligou.

"Se você precisar de uma forcinha, estou aqui", ele brincou. Conversamos a respeito disso. Trocamos *e-mails*. Eu lhe disse: "Pareço em ordem, mas estou arrasada por dentro".

Afastei-me durante meses, até me sentir pronta. Um dia, ele foi à minha casa e me preparou um jantar com três pratos, e senti um forte ímpeto de exibir o vestido que havia comprado para o casamento de uma amiga. Fui me trocar e voltei usando o vestido preto justo. As bordas nas costas eram contornadas de rosa forte. O resto das costas ficava exposto. Ele não tirava os olhos de mim.

"Vire-se", ele disse, e eu virei. Ele ficou mudo.

"Gostou?", perguntei.

"Você não faz ideia", ele disse, engasgado.

CONTROVÉRSIA OU DIVERSÃO

Bem-vinda ao mais polêmico dos príncipes: o príncipe do Sexo. Preparem os tomates e ovos podres, conservadores. Fui convertida, e vocês vão precisar de uma boa pontaria ou de um gancho muito longo para me tirar do pódio. Li com grande interesse o fascinante livro de Wendy Shalit, *A Return to Modesty: Discovering the Lost Virtue*. Shalit segue uma linha rigorosa: o sexo pré-conjugal deve ser evitado, e, num contexto maior, o estupro, o autoflagelo e a anorexia podem ser curados pela modéstia nas vestimentas, no comportamento e na própria identidade. (Em todos os casos, segundo a autora, são as mulheres que devem dar o exemplo; os homens as seguirão.) As mulheres não querem sexo sem compromisso, diz Shalit; quando o fazem, é apenas para deixar os homens felizes e para que outras mulheres, "más", parem de cochichar sobre os "problemas" da garota mais modesta.

"A mulher jovem hoje em dia tem basicamente duas opções: fingir que é um homem ou ser feminina de uma maneira desesperadora, com atitude de vítima", diz Shalit.[1] Concordo com muitos pontos citados pela autora – pode ser muito, muito *sexy* esperar pelo sexo, e as adolescentes só têm a lucrar se cuidarem das próprias necessidades e não das de seus namorados cheios de hormônios –, mas discordo deste. Wendy, as mulheres também querem sexo. Não concordo que a educação sexual, as conversas sobre sexo e fazer sexo sejam as causas de todo o mal do mundo. Acredito em namorar o príncipe do Sexo de vez em quando, lembrar-se da própria sexualidade, explorar a sensualidade, declarar o desejo, afinar o repertório e se valorizar – sem compromissos. Fazer isso mais que apenas "de vez em quando" é uma escolha de estilo de vida. Menos, é outra escolha. Mas, para muitas mulheres, de vez em quando já está muito bom.

O príncipe do Sexo não precisa ser esperto, não precisa ligar no dia seguinte. Você não vai apresentá-lo aos seus amigos, muito menos levá-lo para conhecer seus pais, e as conversas não serão a respeito do futuro. Isabelle sabe do que estou falando:

> Ele foi um salva-vidas. Quando o vi pela primeira vez pessoalmente, não senti nenhum fogo. Não era um homem deslumbrante. Era um sujeito comum. Uma noite, depois de sair com amigos, fomos para casa juntos. Nosso breve relacionamento (dois meses) só tinha a ver com sexo. Ele era uma companhia agradável. Na verdade, provavelmente poderíamos ter namorado mais tempo, se quiséssemos. Mas não era o que estávamos procurando um no outro – eu tinha acabado de romper um noivado e estava me sentindo rejeitada. Saber que alguém me queria sexualmente era tudo que eu precisava. Alguns podem achar que uma relação assim é frívola, mas foi uma das melhores da minha vida. Ele me fazia sentir autoconfiante. Di-

---

[1] W. Shalit, *A Return to Modesty: Discovering the Lost Virtue*. Nova York: Free Press, 1999, p. 138.

zia que eu era linda. Que me queria. Eu sabia por que ele me queria, e era bom demais.

Aquelas que já tiveram a experiência com um príncipe do Sexo sabem o que é bom – e ganharam mais que sexo.

Ele despertava meu lado sexualmente aventureiro.

Ele me ajudou a dançar melhor e a ser uma pessoa mais aventureira fora do quarto, menos tímida.

É simples, quando a gente vê a situação como Beth via:

Nunca namoramos de verdade. Éramos amigos havia muito tempo. Foi um momento em minha vida em que eu não queria ter um relacionamento. Nem ele queria. Deu super certo. Ele era, digamos, bem-dotado. O sexo era quente. Provavelmente o melhor que já experimentei na vida. Qual era o maior prazer da relação? Os orgasmos. Não havia agonia. Embora hoje não transemos mais, ainda somos amigos. Às vezes, é divertido transar com alguém sem vínculos emocionais. Você aproveita mais o ato. Não precisa sofrer com os problemas cotidianos de um relacionamento. É só sexo e acabou.

SEXO COMO LIBERDADE

O príncipe do Sexo é prazer, diversão e poder. Desfrutar a companhia dele é algo novo para nós. No século X, as mulheres se refugiavam em conventos para evitar o casamento. Ao se declararem acima do desejo sexual, elas "conquistavam um poder quase místico graças a seu [...] *status*".[2] Avance mais ou menos mil

---

[2] R. Miles, *The Women's History of the World*. Topsfield: Salem House, 1989, p. 105 (ed. bras.: *A história do mundo pela mulher*. Rio de Janeiro: Casa Maria, 1989).

anos, e hoje podemos recusar – ou adiar – o casamento, e o sexo pode ser *parte* de nossa liberdade para nos concentrarmos em nós mesmas.

E que liberdade deliciosa:

Ele parecia o Pierce Brosnan mais jovem. As pessoas o olhavam na rua (inclusive minha mãe). Era uma espécie de zona livre de moralidade. Acho que nunca teve uma namorada que ele não traísse. Percebi que o pacote bonito era tudo o que ele tinha a oferecer, e eu precisava de mais. Mas, na época, tínhamos um relacionamento sexual fantástico, e ainda acho Pierce Brosnan um gato.

– *Ingrid*

LIBERTANDO-SE

O casamento entre jovens geralmente é um produto do desejo idealizado de fazer sexo apenas no leito conjugal, apoiado pelas fronteiras e pela estabilidade do matrimônio. Isso pode levar a um casamento prematuro, cujo único objetivo é ir para a cama. Muitas, se não todas as mulheres de 20 e poucos ou 30 e poucos anos hoje em dia, estão fazendo sexo (não quero dizer *neste exato minuto*, mas antes do casamento). Adoramos transar. Temos necessidades também (se você não está casada aos 19 anos, a espera pelo casamento pode ser *muito* longa), e a satisfação delas é algo que queremos defender.

Será? Embora quase todas as mulheres não casadas que conheço vão para a cama com o namorado, não hesitamos em dizer como gostamos dele, que ele não sai com outras mulheres e que "nunca nos sentimos assim antes". Ainda estamos limitando nossas apostas. Não vamos para a cama com todos os homens com quem saímos, e vemos com maus olhos aquelas que fazem isso. Seguimos padrões duplos – qualquer homem, se tiver a chance, vai para a cama com quem aparecer, mas nós, não exatamente puras, porém com certeza não maculadas, só fazemos sexo se o relacionamento tiver algum compromisso.

Julie, porém, sabia o que queria. O príncipe do Sexo dela simplesmente não seria um bom marido:

> Nós já nos conhecíamos há dois anos antes de acontecer alguma coisa. Trabalhamos juntos (mas em departamentos diferentes). Ele me deixa doida (no bom sentido). A atração que temos um pelo outro é demais e funciona para os dois, considerando nossos horários apertados. Ele me diz que sou linda. Gosta até mesmo dos meus defeitos. Ele me faz sentir *sexy*, atraente, desejável – fisicamente e, por conseguinte, emocionalmente melhor. Nosso relacionamento é físico. Ele é uma pessoa maravilhosa, e algum dia uma mulher terá a sorte de ser dele. Mas não o vejo num relacionamento duradouro comigo.

Quantas vezes isso já lhe aconteceu? Você não tinha certeza do quanto gostava de tal homem, mas sabia que se sentia atraída por ele. As coisas chegaram a um ponto físico e, de repente, ele se tornou seu namorado. Porque, afinal de contas, só os homens podem transar com várias sem compromisso. As mulheres fazem sexo com homens que são seus parceiros em relacionamentos profundos, com compromisso – a menos que sejam personagens de *Sex and the City*, e mesmo assim vivem se preocupando com isso (exceto Samantha, a única do quarteto que age como os homens).

Bem, que tal se agíssemos um pouco como os homens? Se parássemos de pensar como Hope, que gostava de seu príncipe do Sexo, mas de repente, condenada pelas vozes em sua cabeça, declarou: "Não sou esse tipo de garota"? Que tal se nos recusássemos a fazer do sexo uma questão de poder (masculino) e de vítimas (femininas)? E se resolvêssemos despir o sexo de todo poder e apenas... nos despir?

E que tal se, caso não desse certo, simplesmente nos vestíssemos de novo e fôssemos embora?

Eu estava com uns amigos num bar quando entrou esse sujeito. Ele conhecia meus amigos, mas não tinha sido apresentado a mim ainda. Era um pouco mais velho que eu, sempre rindo, uma lindíssima pele bronzeada, inteligente, engraçado, maravilhoso, enfim. Acho que conversamos por mais de uma hora. Ele pegou meu telefone e me ligou na semana seguinte para sairmos com os amigos dele. Divertimo-nos muito e terminamos a noite na casa dele. Uma coisa levou à outra, e logo estávamos passando todas as noites juntos. Ele era fantástico na cama, e era na cama que passávamos a maior parte do tempo. Realmente, ele despertava algo em mim.

– *Tina*

Quando vemos o príncipe do Sexo por esse prisma, ele se torna apenas mais um de nossos príncipes – mais uma experiência na vida. Sem julgamentos, sem minhocas na cabeça. Sensação libertadora, não é?

CASAMENTO AMEAÇADOR?

Para realmente aproveitar a companhia do príncipe do Sexo (e você pode fazer o teste no fim do capítulo para ver se consegue), você precisa rejeitar os pareceres moralistas das pessoas.

Danielle Crittenden, autora de *What Our Mothers Didn't Tell Us: Why Happiness Eludes the Modern Woman*, quer nos afastar do príncipe do Sexo e nos levar direto para o leito conjugal. "Se uma mulher não se casa na mesma idade que suas amigas", ela nos alerta, "se insistimos em nosso direito de viver uma vida sexualmente sem limites até os 30 e poucos anos, depois temos, enfim, de aceitar o fato de que haverá consequências à estabilidade duradoura de *todos* os casamentos, e até à nossa habilidade para casar".[3] Mas afirmo que ocorre exatamente o contrário

---

[3] Citado em P. Paul, *The Starter Marriage and the Future of Matrimony*. Nova York: Villard Books, 2002, p. 238.

– são aquelas que restringem a vida sexual desde muito cedo que correm o risco de procurar alento fora do leito conjugal, fora da instituição do casamento. (Como disse uma vez a atriz Mae West: "O casamento é uma excelente instituição. Mas não estou preparada para uma instituição".) Vou mais longe e digo que a companhia do príncipe do Sexo agora fortalecerá seu casamento com um príncipe diferente, mais tarde.

O escritor Scott Stossel levanta uma questão que merece ser lembrada, quando você se sentir criticada por olhares de desaprovação:

> O que os conservadores [...] querem é menos uma restrição ao excesso sexual do que uma represália aos ganhos políticos que as mulheres [...] conquistaram sob os auspícios da revolução sexual. Para demonstrar que a moralidade "fraca" cria o caos, eles afirmam que a liberação sexual teve um custo tangível, com base na "ciência": aids e outras doenças sexualmente transmissíveis. Em seguida, apertam mais a rede, de modo que se liberação sexual estiver associada com a liberação feminina, por exemplo, e foi a causa da aids, então a verdadeira causa dessa doença foi a liberação feminina. Todas as formas de liberação e mudança política associadas às décadas de 60-70 estão implicadas nessa categoria. Os direitos das mulheres, os direitos dos homossexuais, o direito de escolha das mulheres e a liberdade para fazer o que quiserem na intimidade de seu quarto são todos atirados pela janela, junto com a água do banho.[4]

PROCEDA COM CAUTELA

Sabemos que a liberação feminina não foi a causa da aids, mas devemos ser responsáveis por nosso bem-estar. O príncipe do Sexo é um prazer que deve ser reservado para paladares maduros

---

[4] S. Stossel, "The Sexual Counterrevolution", *The American Prospect*, 8, 33, 1º de julho a 1º de agosto, 1997.

– e para uma mulher que sabe a importância de se proteger, física e emocionalmente. Para ser seu príncipe do Sexo, é provável que você escolha um homem que não é seu melhor amigo; por isso, é crucial não se iludir, acreditando que o objetivo dele é seu bem-estar. O sexo é como o mais forte dos coquetéis – pode nos enganar, fazendo-nos sentir apaixonadas ou imortais. Aproveite o momento, mas mantenha-se mentalmente estável. Infelizmente, algumas mulheres não fazem isso:

> Ele era amigo de um amigo de outra faculdade. Deixou-me muito bêbada e dopada numa festa e me levou para a casa dele. Acho que namoramos por mais ou menos um mês, ou talvez seis semanas, a distância. Só o vi umas cinco vezes ao todo, geralmente para beber e transar. Sabia que ele não era o que eu estava procurando, mas aproveitei enquanto durou. Quatro meses depois, fui diagnosticada com uma DST.
>
> – *Vera*

> O sexo era bom. Ele beijava bem, era bonito e tinha os olhos azuis mais lindos que eu já vira. Mas tenho muitas lembranças dolorosas de nossa relação, que resultou numa gravidez indesejada, não planejada.
>
> – *Rose*

A história de Vera nos serve de alerta, por várias razões. O sexo deve ser divertido para ambos e *sempre* seguro. Parte integrante do prazer sexual é o cuidado com suas necessidades. Se ele precisa de drogas ou de álcool para funcionar, então não é uma boa aposta. E insista na camisinha. Estar com o príncipe do Sexo é uma questão de fortalecimento e sexualidade. Não pode envolver uma sensação de repulsa no dia seguinte. Rose sofreu física e emocionalmente com seu parceiro. Essa experiência não significa apenas sentir o prazer e ignorar a dor – você precisa se precaver, e também calcular se o príncipe do Sexo é seguro, antes de mergulhar de cabeça.

Não a estou empurrando para um relacionamento com qualquer homem se você não se sentir à vontade com ele. Desfrute a companhia daqueles que você quer, com os olhos abertos para os possíveis perigos, e *sempre* pratique sexo seguro.

Todos os príncipes têm seus pontos fortes. O príncipe do Sexo é ótimo para vocês passarem a noite acordados. O príncipe Rompimento Perfeito é do que você precisa para dormir à noite – sozinha.

Passei por isso e aprendi

- Às vezes, precisamos de um relacionamento sem vínculos, que só envolva o prazer físico e não gere pressão para uma profundidade emocional e um compromisso duradouro.
- Há beleza no ato sexual – e mesmo as boas meninas podem se beneficiar.
- Sexo bom não significa que o resto do relacionamento é ótimo. Às vezes, separar o sexo das emoções pode nos ajudar a não nos envolver por mais tempo que o necessário.
- Tudo que escolhemos fazer, devemos fazer com segurança. A escolha de um relacionamento puramente sexual não é desculpa para agirmos de maneira imatura.

PALAVRAS DE UMA TERAPEUTA

Frequentemente, as mulheres passam tanto tempo procurando O Homem que perdem bastante coisa, inclusive as experiências sexuais. Muitas mulheres não entendem que podem ter ótimas relações sexuais com homens sem que o relacionamento "leve" a algum lugar – é só sexo, e é muito bom. Muitas romantizam o sexo – se fazem sexo, deve haver outra coisa. Vejo isso repetidas vezes. Mas significa apenas que o sexo é bom, só, e não precisa ser mais que isso. Claro que você quer conhecer um homem, transar com ele e ter uma conversa inteligente, além de apoio. Mas e até isso acontecer?

– Jennie Ackerman, Nova York

ENCONTRE O PRÍNCIPE DO SEXO E ME AVISE AMANHÃ DE MANHÃ

O que o sexo é capaz de fazer? Vários estudos indicam que a cama proporciona excelentes tipos de remédios. Os estudos dizem que o sexo:

- cura dor de cabeça;
- é bom para a circulação sanguínea;
- ajuda a relaxar;
- previne contra resfriados e gripes;
- diminui dores;
- diminui cãibras.

Parece que o príncipe do Sexo é mais uma necessidade do que um privilégio.

O MAIOR DOS PRÍNCIPES DO SEXO
COLIN FARRELL

Colin Farrell, aquele ator irlandês que xinga, fuma e bebe, não esconde nada. Em seu linguajar picante, ele disse à *Playboy* que acredita muito no sexo casual. Basicamente, disse ao entrevistador: se faz tão bem, como pode ser ruim?* Colin Farrell vale a noitada?

Prós
- Ele não vai pedi-la em casamento. Seu único casamento, aos 19 anos, durou apenas quatro meses, e ele nunca se arrependeu. Por isso, quando diz que é tudo diversão, não está falando por falar.
- Ele leva muito a sério o sexo casual, portanto você só tem a lucrar.
- A pessoa que ele beija ganha muita publicidade; por isso, quando ele exibir publicamente sua afeição por você, isso poderá lhe trazer um espaço de destaque nos tabloides.

Contras
- Ele fala mais palavrão do que um marinheiro.
- É perfeitamente possível que ele goste mais de cerveja e cigarro do que de você.
- Embora tenha dito à *Playboy* que é a favor da camisinha, parece que se esquece do próprio conselho: ele engravidou a ex-namorada.

* "Playboy Interview: Colin Farell", *Playboy*, março de 2003.

TESTE
O PRÍNCIPE DO SEXO É PARA VOCÊ?

Responda "sim" ou "não" a cada item. Depois, verifique sua pontuação para saber se o príncipe do Sexo serve para você.

__ 1. Gosto de sexo.
__ 2. Sou capaz de ter um relacionamento sem vínculos. Sei que ele *não* vai me ligar no dia seguinte para dizer que foi muito bom.
__ 3. Quero ser desinibida.
__ 4. Às vezes, quero ser desejada meramente por meu corpo.
__ 5. Tenho medo de ser usada como objeto.
__ 6. Acho vazio e sem graça o sexo sem um relacionamento profundo.
__ 7. Morro de medo de DST, como herpes e, Deus me livre!, aids, e não confio que a camisinha me manterá segura o tempo todo.
__ 8. Morro de medo de engravidar acidentalmente.
__ 9. Fico muito apegada emocionalmente a um homem quando vou para a cama com ele.
__ 10. Conheço um príncipe do Sexo e acho que daria certo.

Pontos

1. Sim: 1   Não: 0
2. Sim: 1   Não: 0
3. Sim: 1   Não: 0
4. Sim: 1   Não: 0
5. Sim: 0   Não: 1
6. Sim: 0   Não: 1
7. Sim: 0   Não: 1
8. Sim: 0   Não: 1
9. Sim: 0   Não: 1
10. Sim: 2   Não: 0

0-5   Fique no seu lado da cama – o príncipe do Sexo não serve para você.
6-7   Pense bem. Com a cabeça.
8-11 Feche a porta e mande ver!

15
O PRÍNCIPE ROMPIMENTO PERFEITO

Com tanto namoro, os rompimentos serão inevitáveis. E assim como há o namoro bom, saudável e divertido, há também o rompimento bom, saudável e divertido. Está certo que terminar uma relação nunca é divertido, mas pense nisto: os rompimentos devem implicar uma separação que faz sentido e é correta. Claro que, quando a maioria das pessoas pensa em terminar o namoro, lembra-se automaticamente das feias sequelas: lágrimas, insônia, o repetido refrão "Por quê? Por quê? Por quê?", que vêm da incerteza, da solidão e do medo. Mas, na verdade, nem todos os rompimentos têm de ser tão horríveis. Às vezes, se você permitir, eles podem ser perfeitos, ou pelo menos um grande alívio, deixando você livre para se afastar com um melhor senso de si mesma, com o orgulho preservado – e, melhor ainda, sem amargura ou sentimentos de rancor em relação ao homem.

"Será que existe isso – um rompimento perfeito depois da quarta série?", Jane ponderou, quando lhe perguntei sobre seus fins de namoro. Ingrid disse: "Sempre chorei ao terminar com alguém. É uma reação visceral às palavras 'Não posso mais ficar com você'". A reação de Ingrid faz sentido, e geralmente é o que sentimos quando terminamos. Mas, às vezes, na separação, todas as peças se encaixam e sentimos que fizemos a coisa *certa*. Sarah conhece esse sentimento, e ele a ajudou a pôr fim a uma relação que poderia ter se arrastado:

> Ficamos juntos por seis meses. Ele era bonito, meigo, atencioso, divertido e burro como uma porta. Quando víamos filmes, ele não parava de fazer perguntas sobre o enredo. Não entendia nada do que estava acontecendo. Podia ser um filme simples como *Ases indomáveis*, mas ele não acompanhava. Por fim, eu disse que não podia continuar com ele, que com certeza havia outras mulheres que apreciariam sua companhia, e que eu não era a mulher certa para ele. Ainda somos amigos, e os homens que namoro agora precisam ser muito inteligentes.

Jesse levou o fora do namorado, mas não se sentiu mal com isso. Quando a situação ocorre em termos honestos, gentis e de maneira rápida, o rompimento pode ser benéfico:

> Nós nos conhecemos num bar, onde dançávamos. Ele era socialmente corajoso (andava de um lado para outro do bar, oferecendo chiclete a todos, só por diversão), e isso me ajudou a ser mais extrovertida. Encorajou uma garota que nem conhecia a parar de dançar sozinha e se juntar a nós na pista. Ele terminou comigo por telefone. Ele disse: "Você sabe que gosto de você, e sei que combinamos de ser exclusivos, mas preciso lhe dizer algo, pois não me sentiria bem se não dissesse. Gosto de sua melhor amiga. Sinto muito. Não consigo controlar, mas queria ser sincero com você".

ENFRENTANDO O ROMPIMENTO

Minhas amigas solteiras e eu usamos um padrão duplo, que funciona da seguinte maneira. Quando o homem para de telefonar, ficamos furiosas. Pensamos que ele devia, no mínimo, ter a decência de telefonar e dizer que não quer mais sair! Mas quando a situação é inversa, ele telefona e não estamos mais interessadas, deixamos a secretária eletrônica atender. Na verdade, ninguém gosta de rejeição – esteja você rejeitando alguém ou sendo rejeitada. Mas pense como seria melhor se todo mundo tivesse a maturidade do príncipe Rompimento Perfeito de Jesse: "É, faz sentido", pensaríamos. E acabaria por aí.

Minha mãe costumava a me chamar de "A Pior Rompedora do Mundo". Não importava se um relacionamento já estava desgastado, eu choramingava, lamentava e me torturava. Quando um homem me dava um fora, eu chorava, mesmo que cinco minutos antes estivesse rezando para que a relação terminasse. Sempre me culpava, e de repente começava a me lembrar dos momentos bons do namoro (se fossem poucos, ficava repetindo as mesmas poucas cenas). Nunca parei para enfrentar aquilo que era dolorosamente óbvio: em toda situação de namoro que não termina em casamento, romper é inevitável. Já aconteceu antes e com certeza acontecerá novamente. Em vez de suspirar de alívio e levar a sério o sábio comentário de meu pai: "Se terminou, é porque tinha de terminar", me arrependia de coisas que havia dito ou feito e desejava poder apagar a cena da última vez em que saí desesperada, com as mãos para cima num gesto de frustração, pisando duro. Rompimentos acontecem, mas eu, tola que era, me concentrava em como poderia ter preservado nosso barco cheio de furos, embora já estivéssemos com água até o pescoço.

Brinco dizendo que, se você quiser encarar o término de um namoro com leveza, passe pela experiência de um noivado rompido. Como digo às pessoas, a respeito da vida após cancelar um noivado: depois que você tira a aliança do dedo, deixa-a sobre a cama que antes dividia com ele e sai da casa que era sua também, um rompimento de namoro é como um passeio no parque.

AINDA ESTOU DE PÉ

Rompimentos saudáveis, até perfeitos, exigem certa dança, que se dá desta maneira:

1. Reconheça os bons pontos do relacionamento e aceite o fato de que os pontos ruins são maiores, o que conduz sutilmente ao passo seguinte.
2. Perceba que vocês dois juntos não têm futuro. A farsa tem de acabar.
3. Admita que você contribuiu para a deterioração do relacionamento.
4. Quando chegar a hora, procure seu futuro ex-parceiro.
5. Termine de modo gentil, firme, com o mínimo de sentimentalismo e sem possíveis emendas. Deixe de fora desculpas clichês (mesmo que verdadeiras), tais como: "O problema não é você, sou eu", "Você precisa de alguém que consiga amá-lo como você merece" e "Podemos continuar amigos".
6. Deixe, porém, a porta aberta para uma futura amizade.
7. Não faça concessões (ou seja, nada de sexo para "agradecer pelas lembranças").

Assim como namorar ajuda você a se compreender, terminar também ajuda. Acabei descobrindo que era capaz de sobreviver aos rompimentos. Não morri. Não me despedacei. Saí ilesa. Pode parecer óbvio para aquelas que não ficam histéricas diante de um rompimento, mas é uma epifania importante para quem só consegue se consolar com um pote de sorvete Häagen-Dazs na noite do último adeus. Muitas mulheres têm uma reação visceral a despedidas, uma reação química ao fato de não ter um homem por perto, a ponto de ter sua sanidade ameaçada.

O que finalmente percebi, após meu noivo ter cancelado o noivado, foi que continuei de pé. Chame isso de maturidade, desapego, mas, de qualquer forma, deu certo comigo. Na canção "Thank U", Alanis Morissette nos explica que o mero ato de decidir que você não precisa de uma coisa lhe traz aquela paz inesperada. É como um momento zen de revelação. Outras pessoas já sentiram isso:

> Percebi que as pessoas não podem ser mudadas, por mais que se queira isso. Você precisa lidar com uma pessoa do jeito que ela é, e se tentar mudá-la, ela vai lutar contra você até o fim. Por isso, quando ele me ligou às três da manhã para conversar e acabamos terminando, foi tranquilo, realmente. Foi melhor para os dois, e ambos concordamos. Não havia mais nada para investir naquela relação.
> – *Natalie*

O que não significa que o rompimento seja totalmente indolor para as pessoas envolvidas. Significa apenas que é a atitude certa, como atesta Vera. O que já é muito.

> Éramos bons amigos antes de começarmos a namorar. Ficávamos horas falando sobre nada. Ele provavelmente era muito daquilo que eu procurava, mas me apaixonei por outro. Pedi a meu novo namorado que terminasse com ele por mim. Um estava visitando o outro, e pedi ao novo que dissesse a ele que íamos começar a namorar. Não foi o melhor plano logístico do mundo, mas deu certo. Permanecemos amigos (creio), sem muita animosidade. Na verdade, ainda somos. Terminei a relação de um jeito errado, mas era preciso terminar. Ele ficou aborrecido no começo, mas depois aceitou. Na experiência, percebi a importância de sermos bons amigos. A amizade pode conduzir uma pessoa para dentro e para fora do relacionamento sem ser destruída.

O PROBLEMA NÃO É *MESMO* VOCÊ – SOU EU

Na verdade, devo admitir que o problema realmente não é ele, de modo geral. Meu rompimento perfeito começou com o que eu consideraria um ótimo relacionamento. Conheci Evan *on-line*, e tivemos um primeiro encontro mediano; ele havia sido transferido recentemente de Nova York e estava aborrecido com isso. Cheguei em casa após termos saído, sem saber nada sobre ele e sabendo demais sobre como Manhattan é fantástica. Mas resolvi tentar mais uma vez, e, na segunda rodada, nos demos bem. No mês que passamos juntos, rimos muito, conversamos bastante e nos desejávamos. Mas nossa superfície envernizada logo começou a revelar farpas. Evan se preocupava com tudo. Sentia muita falta de Nova York e mal podia esperar para voltar para "casa". Era temperamental e tinha medo de compromisso – ou pelo menos do compromisso comigo. Isso foi ficando cansativo. Eu não estava procurando marido. Queria alguém que gostasse de namorar e adorasse pular na piscina da experiência, com roupa e tudo. Evan só tirava as meias e molhava as pontas dos pés na água.

Assim, ele terminou comigo. Vi que isso ia acontecer. Esperava uma pessoa diferente, e ele me colocou nos eixos. Queria abrir o jogo por telefone, mas ele insistiu em falar pessoalmente. Encontramo-nos numa padaria próxima, mas pulamos a parte dos *cookies* e fomos direto ao assunto. Disse-me que eu era fantástica, e acho que foi sincero (ou pelo menos resolvi aceitar assim). Expressei a esperança de que ele descobriria, afinal, que coisas o estavam irritando, e lhe garanti que só desejava seu bem. Falamos sobre ser amigos no futuro e nos despedimos com um abraço.

Foi muito diferente de jogar o anel de noivado sobre a cama numa casa abandonada. E nos dias e semanas que se seguiram, fiquei surpresa ao perceber como era boa a sensação de ser forte por dentro, de não me consumir só porque alguém quis terminar uma relação comigo. Afastei-me de Evan sem me sentir arrasada. E quando percebi que um rompimento não é necessariamente ruim, logo me senti mais aberta para namorar por namorar – que é o objetivo do namoro, afinal. Se pudesse me curtir mais, aprender mais sobre mim mesma e tocar o barco quando necessário – sem medo de afundar e sem precisar perder vários dias da vida, arrastando-me pela casa em roupão de banho e com uma expressão abatida –, o mundo ficaria muito maior.

Minha canção favorita é cantada em hebraico. É como se fosse a antecessora da música da Alanis Morissette. Não passa de três versos, mas são cantados com uma ferocidade crescente, sendo o terceiro repetido várias vezes, enquanto os cantores batem as mãos sobre uma mesa, ou qualquer outra superfície, e os pés no chão:

> O mundo todo é uma ponte muito estreita.
> O importante a fazer é
> Nunca ter medo.

Eu vinha atravessando essa ponte com cuidado, observando cada passo para não tropeçar e cair. Mas o segredo para atravessá-la – como bem sabiam os antigos rabinos, como sabe Morissette e, após meu rompimento perfeito, como também aprendi – é aproveitar a travessia. O medo – de atravessar a ponte, de namorar, de romper – é o que derruba uma pessoa, não o ato de namorar ou de terminar.

Saber terminar um relacionamento é uma habilidade que você carregará consigo a vida toda. Mas em nenhuma outra ocasião você precisará mais dessa habilidade do que com o Quase Príncipe, o homem com quem você tem certeza de que vai se casar – até abrir os olhos.

Passei por isso e aprendi

- Quando é hora, é hora.
- Reconheça e respeite o que foi bom e esqueça o resto.
- Após terminar, não é preciso se despedaçar.
- Nunca há um motivo para *dar o fora* em alguém – afaste-se dele com bons modos e espere que ele também seja gentil com a próxima mulher que namorar.

PALAVRAS DE UMA TERAPEUTA

O rompimento ideal de uma relação não é um choque, mas uma evolução – o que penso é..., não estou bem com..., não quero seguir essa direção... –, de modo que o momento de terminar pode ser muito triste, mas não arrasador, e não vai devastar sua autoestima.

– Deborah Shelkrot Permut, Washington, D.C.

FATOS ACERCA DO ROMPIMENTO

O fato mais interessante que aprendi ao escrever meu primeiro livro foi que quase todo mundo que passa por um noivado rompido – queira ou não, tenha sido a pessoa que rompeu ou não – vive a experiência da dor. Essa descoberta fez com que me sentisse menos sozinha e menos louca – queria terminar, porém *ainda assim* me senti horrível depois, mas tudo bem! Essa reação faz sentido: você está de luto pela morte do futuro que imaginava. O que é típico quando você namora e depois rompe o namoro? David Sbarra, estudante de pós-graduação em psicologia pela Universidade de Virgínia, lançou um estudo de dois anos com trezentos alunos de graduação para descobrir a resposta. Eis alguns dos fatos que apurou:

- As mulheres são mais abertas para falar de seus rompimentos. Na verdade, Sbarra teve dificuldade para encontrar homens que quisessem ao menos participar do estudo. (Está surpresa?)
- Geralmente, os rompimentos não são o resultado de uma única briga, ou de um único encontro morno. As pessoas não são tão espontâneas ou precipitadas: pensam muito nos próprios sentimentos antes de puxar a tomada do plugue. (Obviamente, Sbarra não me entrevistou na faculdade.)
- As pessoas relatam que começam a se sentir melhor mais ou menos um mês depois do rompimento. Portanto, nas horas mais negras, o melhor conselho é: Aguente firme. A vida melhora.

A. Bromley, "How Do I Love Thee? Let Me Count the Ways", *Inside UVA Online*, 15-21 de fevereiro de 2002. Disponível em: <http://www.virginia.edu/insideuva/2002/06/love.html>.

O MELHOR DE TODOS OS ROMPIMENTOS
BRUCE WILLIS

Demi Moore conhecia Bruce Willis havia meros três meses antes de se casar com ele. Três filhos e onze anos depois, os dois se separaram. Ou melhor, se divorciaram: já foram vistos juntos tantas vezes que nem se pode dizer que estão separados. O ex-marido até a acompanha nas saídas com Ashton Kutcher. Em Hollywood, onde falar mal do ex é tão comum quanto se separar de uma hora para outra, o rompimento dos dois foi realmente perfeito. Você conseguiria namorar (e deixar) Bruce Willis?

Prós
- Se um asteroide cair na terra ou se terroristas alemães se infiltrarem em seu escritório, você estará em boas mãos.
- Ele obviamente gosta muito dos filhos.
- Você e ele podem sentar juntinhos no sofá e assistir às reprises da engraçada série *A gata e o rato*.

Contras
- Você gostaria que seu ex a acompanhasse nas saídas com seu atual príncipe?
- Ele quer levá-la ao Planet Hollywood em todas as refeições.
- A ex-mulher dele tem um dos corpos mais sensuais de Hollywood. Dá para encarar a concorrência?

TESTE
VOCÊ TEM A ATITUDE CERTA NA HORA DO ROMPIMENTO?

Responda "sim" ou "não" a cada item. Depois, verifique sua pontuação e descubra se está em sintonia com o príncipe Rompimento Perfeito.

__ 1. Sempre tomo sorvete direto do pote enquanto choro pelo amor perdido.
__ 2. Se namorei um cara, ele é para sempre terreno proibido para minhas amigas.
__ 3. Quando rompo uma relação, não há como voltar para uma segunda rodada.
__ 4. Sou capaz de dizer "O problema não é você, sou eu" com a expressão mais séria do mundo.
__ 5. Se eu ganhasse um real para cada homem que já terminou comigo e imediatamente começou a namorar a mulher com quem se casaria mais tarde, teria um carro melhor.
__ 6. Talvez seja o amor que move o mundo, mas amar e deixar me mantém alerta.
__ 7. Quem me conhece sabe que gasto uma caixa inteira de lenço de papel após um rompimento.
__ 8. Sou amiga de alguns de meus ex-namorados.
__ 9. Quando ouço o nome de um de meus antigos namorados, meus olhos ficam cheios de lágrimas.
__ 10. Conheço o tipo e acho que daria certo.

Pontos

1.	Sim: 0	Não: 1	6.	Sim: 1	Não: 0
2.	Sim: 0	Não: 1	7.	Sim: 0	Não: 1
3.	Sim: 1	Não: 0	8.	Sim: 1	Não: 0
4.	Sim: 1	Não: 0	9.	Sim: 0	Não: 1
5.	Sim: 1	Não: 0	10.	Sim: 2	Não: 0

0-5 Anime-se, garota!
6-7 Há esperança para você. Lembre-se: os rompimentos são inevitáveis. Por que não fazer com que sejam perfeitos?
8-11 Você é capaz de ter um príncipe Rompimento Perfeito na vida. Aproveite! E passe o sorvete.

16
O QUASE PRÍNCIPE

Estive a duas semanas de me casar com meu Quase Príncipe. Os presentes vinham se acumulando na sala de estar, e meu vestido de noiva já tinha sido ajustado. Faltavam catorze dias para assinarmos na linha pontilhada, e pouquíssimas pessoas sabiam que nosso relacionamento não era perfeito. Não tive dúvidas enquanto namorava Mark, mas de repente tudo começou a se acelerar e me senti tragada pela máquina. Apaixonei-me, e ele cuidava do resto. Declarou que eu era A Mulher de sua vida com apenas dois meses de namoro e disse que estava ansioso para começarmos uma vida a dois. "Mas já não estamos juntos?", perguntei.

Fomos morar juntos após seis meses de namoro. (Antes de namorar Mark, eu nunca tinha pensado que viveria com um homem antes de me casar.) Ficamos noivos por dez meses (eu não queria, mas me convencia que sim; insisti que não usaria aliança, mas de repente estava cobiçando um diamante enorme para o dedo). Morávamos numa linda casa que havíamos comprado, mas eu me tornara uma sombra de mim mesma. Nos dez meses em que vivemos juntos, emagreci cinco quilos, passei a sofrer de enxaquecas debilitantes e me revirava na cama, tendo pesadelos.

Enquanto namorei Mark, perdi o controle, pela primeira vez, daquilo que queria; perdi meu poder de dizer o que pensava. Com o Rico, o Perigoso, o Crânio e o Proibido, e todos os outros príncipes, aproveitei os momentos e fui embora quando nosso tempo acabou. Não que o Quase Príncipe fosse tão persuasivo ou manipulador. É que estar com ele me fizera questionar, pela primeira vez, a importância do casamento: eu tinha 30 anos e estava apaixonada. O casamento não vem logo em seguida?

Ingrid tinha a mesma noção:

Ele era bonito e atlético, instrutor de esqui profissional. Tratava-me como uma princesa; fazia-me gostar de mim mesma como nunca havia gostado até então; incentivava-me a progredir como pessoa (não para o benefício dos outros); e me ajudou a me sentir adulta. Além disso, ele era incrivelmente gostoso (estamos sendo sinceras, certo?). Mas eu era muito jovem, e ele muito velho; era católica demais, ele era judeu demais; o pai dele me odiava, minha mãe o odiava.

Fui a Paris com minha colega de quarto, que também estava noiva. Havíamos deixado as alianças em casa. Fomos jantar num simpático café, e comemos e bebemos até quase explodir. De lá, seguimos para um bar. Enquanto estávamos lá, perguntamos uma à outra se pretendíamos prosseguir com o casamento. Nenhuma das duas queria ser a primeira a responder, por isso cada uma escreveu sua resposta em um guardanapo, o entregou à outra e contamos até três antes de abrir: "Um, dois, três, abrir!" Os dois guardanapos diziam, em letras grandes e claras: Não! Minha amiga começou a agitar a taça de vinho e chamar o garçom: "*Monsieur, s'il vous plaît*, mais vinho!"

ENCONTRANDO A FORÇA

Se todo príncipe nos ensina algo e nos deixa um presente, o Quase Príncipe me ensinou tudo e me deixou com uma pilha de presentes no chão da sala de estar (tudo bem, eles foram devolvidos, mas ele fez isso metaforicamente). Conheci Carolyn pouco depois de ela ter rompido com seu Quase Príncipe. Estava deprimida e furiosa, mas se animou rapidamente:

Suspiro. O "Quase" era alto, bronzeado e bonito. Parecia estar muito bem de vida, com um emprego ótimo. Adorava minha personalidade e não se intimidava com minha astúcia – na verdade, me amava justamente por isso. Era espontâneo e divertido, e me fazia rir até as bochechas doerem. Éramos fabulosamente compatíveis na cama – sempre queríamos mais. Ele me fazia sentir a pessoa mais linda e inteligente na terra. Na época, eu não via todos os seus defeitos. Ele era vendedor e ganhava a vida dizendo às pessoas o que elas queriam ouvir, e usava essa técnica na vida pessoal. Suas várias mentiras acerca de si próprio e do que fazia estão aparecendo agora, e sinto que fui noiva de um estranho.
A comédia nessa situação é que percebi que nosso relacionamento não estava bom antes de terminarmos, mas ele deve ter percebido ao mesmo tempo e foi mais rápido do que eu: terminou primeiro. De repente, não me lembrava mais de que ele não era o homem certo e precisava tê-lo de volta, porque era "o único homem da minha vida!". Mas logo acordei. Ficam aqueles pensamentos no fundo da cabeça, dizendo: "Tem certeza de que ele é O Homem Certo?", mas você ignora o alerta. Um dia, por fim, você está dirigindo seu carro e percebe que esse sujeito não serve para ser seu marido, porque vocês são muito diferentes. Ele não é necessariamente uma má pessoa, mas não é a pessoa certa.
Fui jogar *baseball* e golfe. Chorei muito. Escrevi cartas que nunca enviei, mas ao menos consegui expressar meus sentimentos no papel. Conversei com amigas. Conheci um rapaz bonito e demos uns amassos até as cinco da manhã. Ganhei clareza na questão dos relacionamentos – sei o que posso e o que não posso tolerar. Aprendi que fico bem sozinha, e não preciso de outra pessoa para estar feliz.

Assim como não existe príncipe encantado, não há também um caminho reto para o altar. Aceitei quando o Quase Príncipe se apoiou num joelho e me pediu que passasse os cem anos seguintes com ele, porque ele era adorável, divertido e achei que seria ótima companhia para viajar pelo mundo. Agora, todos esses motivos pesam tão pouco quanto areia entre os dedos.

Quando você tem a escolha entre um Quase Príncipe e um futuro completamente sozinha, é preciso uma força descomunal para optar pelo segundo. É preciso mais força do que julguei ter naquela época para dizer: "Eu o amo, mas não para sempre". Não é isso que nossos pais pensam a respeito do amor, e não é o acontece nos contos de fadas. Se você o ama, a sociedade diz que deve se casar com ele. Mas não é tão simples:

> Ele era um "agnóstico relaxado", nas próprias palavras. Era bonito e nos interessávamos pelos mesmos livros de ficção científica. Era diferente da maioria dos outros homens. Além disso, eu sentia vontade de cuidar dele, como uma mãe. Ele me fazia questionar todas as minhas crenças e pensamentos. Acho que o modo como me manipulava para seguir as ideias dele era uma tentativa de justificar sua maneira de pensar. Penso que era uma alma perdida que precisava de orientação. Achei que podia lhe dar essa orientação, mas acabei me perdendo. Concordei em me casar com ele duas semanas após conhecê-lo. Era uma coisa doida, mas eu adorava – na época – o jeito como ele me desafiava. Meus pais e amigos o detestavam. Nunca duvidei que me amava e que ainda me ama. Mas não era o tipo de amor que daria certo num casamento.
>
> – *Melinda*

AINDA CRESCENDO

Meu Quase Príncipe, assustado perante minha hesitação, cancelou o casamento. Não é simplista demais dizer que, com isso, me tirou um peso dos ombros. Sofri e escrevi meu primeiro livro como uma forma de catarse, mas no fim da jornada acreditava plenamente em mim mesma de novo, e expandi minha capacidade total. O Quase Príncipe é o último da lista porque, como percebi, o casamento não é – não pode ser – o propósito da minha vida. Hoje vejo que não apenas superei a dor das separações (e isso só depende da própria pessoa), mas, na verdade, alegro-me por elas. Alegro-me pelas experiências que resultaram na dor, e pela própria dor, pois ninguém sai do lugar em dias bons. A vida às vezes a faz balançar, mas, quando você sobrevive ao baque, percebe que deu mais passos adiante do que imaginava ser possível.

O Quase Príncipe não é um que eu necessariamente recomendo, como faço com os outros. Mas, queiramos ou não, muitas de nós passamos ou passaremos por uma experiência com ele. Se você namora um Quase Príncipe, lembre-se de dar ouvido a seus instintos; não se esqueça do que você precisa e tenha paciência consigo mesma enquanto se recupera dele.

Agora que penso nisso, vejo que nada pode dar errado se nos lembrarmos dessas regras. Quero passear na montanha-russa – mas preciso me lembrar de pôr o cinto de segurança. É um passeio e tanto.

Passei por isso e aprendi

- Quando meu corpo está se despedaçando, na verdade é porque está fazendo tudo quanto é manobra para que minha mente preste atenção.
- A vida não é uma brincadeira de dança das cadeiras. A música não para aos 30 anos, indicando que você tem de se casar com o homem que estiver namorando nessa idade.
- Você deve aproveitar os momentos com o Quase Príncipe, como com todos os outros, e depois tocar o barco.

PALAVRAS DE UMA TERAPEUTA

Em meu consultório, atendo mulheres que percebem pequenas coisas se acumulando, até chegar o momento da revelação – quando veem que seu parceiro não é O Homem Certo.

– Ruth Greer, Rye, Nova York

OPORTUNIDADE FANTÁSTICA

Ninguém melhor para dar conselhos sobre como aproveitar e superar o Quase Príncipe do que aquelas dentre nós que quase se casaram com ele. Eis, então, algumas sábias palavras, duramente conquistadas, de Quase Noivas – mulheres que tiveram o noivado rompido:

Embora pareça que sua vida acabou, você na verdade ganhou uma oportunidade fantástica – a oportunidade de encontrar sua identidade novamente. Vai sair desta mais forte, mais sábia e muito mais feliz.

– Sophie

Se a relação não era apropriada, então você tomou a atitude mais corajosa que poderia tomar.

– Elly

Nenhum esforço fará com que um relacionamento funcione, se não tem de ser. Em meu caso, não tinha de ser mesmo; mas eu me recusava a ver isso, e insistia em tentar. Como não deu certo, culpei a mim mesma. Não assuma toda a responsabilidade. Quando uma coisa termina, é porque não tinha de ser. Não se culpe por isso. Você não tem todo esse poder. E mais importante: não desista do amor.

– Samantha

Trecho de R. Safier, com W. Roberts, *There Goes the Bride*. San Francisco: Jossey-Bass, 2003.

O QUASE PRÍNCIPE
TATE DONOVAN

O *alter ego* de Jennifer Aniston, Rachel Green, conhece tudo sobre o Quase Príncipe. A personagem da série *Friends* fugiu no dia do casamento, deixando o noivo rico, porém chato, no altar. O noivo real de Aniston, Tate Donovan, foi o recipiente da experiência dela. Segundo vários *sites* de fãs, Donovan se sentia ofuscado pelo sucesso crescente de Aniston (também teve dificuldade para aceitar o sucesso de sua namorada anterior, Sandra Bullock). Aniston suportou até não aguentar mais. Dizem que, quando a pressão começou a transbordar, ela disse a Donovan, cheio de problemas com sua baixa autoestima, que, se ele não fosse à estreia do filme dela, *A razão do meu afeto*, estaria tudo acabado entre eles. Ele não foi. Alguém quer um Quase Príncipe ligeiramente usado?

Prós
- Ele adora andar de bicicleta e ficar em pousadas (dizia que a sofisticada senhorita Aniston preferia acomodações de luxo).
- Com seu sorriso doce e cabelos ondulados, Donovan foi eleito um dos dez astros mais *sexy* da Broadway em 1999.
- Suas ex acabam adquirindo grande fama e fortuna. É como se ele fosse um ímã para um bom futuro.

Contras
- Deus a livre de ter ambição. E, se ficar famosa, ele faz birra.
- Ninguém mais o acha *sexy* desde 1999.
- Tate quem?

TESTE
ELE É UM QUASE PRÍNCIPE?

Responda "sim" ou "não" a cada item. Depois, verifique sua pontuação para saber se ele é um Quase Príncipe.

___ 1. Se ele mudasse uma única coisinha, seria perfeito.
___ 2. Temos discussões constantes a respeito de uma ou duas questões.
___ 3. Quando fecho os olhos, consigo ver minha vida futura com esse homem.
___ 4. Vivo dizendo às minhas amigas: "Eu o amo, mas..."
___ 5. Ele quer casar. Eu quero ficar como estamos.
___ 6. Vivo sonhando com um ex-namorado.
___ 7. Ele é filhinho de mamãe.
___ 8. É apaixonado pela ideia de estar apaixonado.
___ 9. Ele me prefere toda maquiada.
___ 10. Não tenho certeza se é medo ou outra coisa, mas sinto que há algo errado, e isso me apavora.

Pontos

1. Sim: 1   Não: 0
2. Sim: 1   Não: 0
3. Sim: 0   Não: 1
4. Sim: 1   Não: 0
5. Sim: 1   Não: 0
6. Sim: 1   Não: 0
7. Sim: 1   Não: 0
8. Sim: 1   Não: 0
9. Sim: 1   Não: 0
10. Sim: 2   Não: 0

0-5 Provavelmente ele não é um Quase Príncipe. Parece que você tem aí os traços de um parceiro para a vida toda.

6-7 Essa relação pode seguir um caminho ou outro. Pense bem antes de decidir.

8-11 Prepare os tênis de corrida.

EPÍLOGO

Fui visitar, faz pouco tempo, duas de minhas pessoas favoritas, com seus filhos e o cachorro. Adoro ir àquela região, não só porque amo meus amigos, mas também porque é um paraíso. Abraço e beijo crianças e cachorros e ouço uma criança de 2 anos cantar; corremos em círculos, nos sentamos na grama e ficamos olhando o cachorro fazer suas necessidades; lemos livros sobre dinossauros e gorilas bonzinhos que querem dormir na cama com seus tratadores no zoológico, e não nas jaulas chatas. Em meu dia a dia, não faço nada disso.

Ontem à noite, o bebê não queria dormir; assim, enquanto Daria cantarolava para ele, Stuart e eu ficamos na cozinha, tomando sorvete natural de maçã e pondo a conversa em dia. Depois, Daria me levou de carro até o metrô, para *finalmente* termos uma chance de conversar (no jantar, só cantamos). Ficamos sentadas no carro, na estação, e falamos sobre meu pai, que faleceu recentemente e me faz tanta falta que até dói, e também das coisas que a vida traz.

É engraçado como a vida funciona. Houve um tempo em que Daria também era solteira, e (embora eu não saiba se ela ainda se lembra) dormia até tarde, comia cereal no jantar e era capaz de se jogar no trabalho sem se preocupar com o horário que a creche fechava. A vida dela era só para ela, como a própria Daria admite. Ela namorou vários príncipes e se divertiu muito. Um dia, conheceu Stuart na sala do xerox da empresa onde trabalham, e, como ele mesmo diz, parecia que se conheciam desde sempre. Agora, após cinco anos de casados, eles têm filhos fantásticos, e, segundo Daria, os filhos vêm naturalmente em primeiro lugar. Ela não diz isso com arrependimento nem entusiasmo – seu profundo amor pelas crianças é óbvio, mas, como explicou a outro casal que estava pensando em constituir uma família, é preciso estar preparado para isso. E ela estava. A vida dela, sua minivan e as noites e fins de semana de cantigas, banhos, beijos e exaustão são exatamente o que ela quer.

Daria, então, se virou para mim e disse: "Sempre estou certa nessas coisas. Vejo você casada e, se não com filhos, pelo menos grávida em menos de cinco anos".

Estatisticamente, acho que faz sentido. Mas ela poderia ter dito: "Agora, vá para a Califórnia sem usar carro, ônibus, trem ou avião". É como se a vida dela fosse paralela à minha e não houvesse estradas se cruzando.

Desde que escrevi meu primeiro livro, venho pensando nesses tipos diferentes de vida. Quase que diariamente, me pergunto: O que quero? Do que preciso? Conversei com centenas de mulheres que saíram de um noivado, e, a princípio, quase todas morrem de medo de não se casar, de que talvez só exista uma oportunidade, e que a oportunidade delas se casou com a secretária, ou se tornou muito chata e... acabou o tempo. Vá para o fim da fila. As mulheres me perguntam o que estou escrevendo agora e, quando falo deste livro, dizem: "Ah! É disso que preciso!" Como se, sem um bom chacoalhão, não pudéssemos nos lembrar de como nossa vida é rica e boa.

Às vezes, esqueço também. Fico fora de casa até tarde, acordo atrasada, trabalho o dia todo, saio para correr e, mais tarde, penso: "Quero ter um lar. Quero estar apaixonada para sempre".

Mas não é uma linha sempre reta. Se fosse, o índice de divórcios não seria tão alto. Se fosse, você relaxaria agora e confiaria em ter uma vida diferente mais tarde.

Conheço mulheres que sentem que, por não ser casadas, a vida parou para elas. Um livro não é suficiente para fazer a sociedade parar de apregoar o casamento como a cura maravilhosa para a solidão e a dúvida. Uma escritora falante não pode fazer todos os seus medos desaparecerem. Minha esperança é que este livro, escrito pelas mãos desta autora falante, faça você parar de se castigar e se exaurir. Você não está correndo para chegar ao mesmo lugar. Não perdeu no jogo da vida. Está chegando lá – seja "lá" o lugar que for para você.

Resolvi pôr minhas ideias e experiências no papel depois que a editora Jossey-Bass publicou meu primeiro livro, na primavera de 2003. Imediatamente, mulheres começaram a me enviar cartas preocupadas, desesperadas. O que aconteceria caso se separassem de seu atual parceiro? Como poderiam saber se haveria outro homem para elas? Este livro é minha resposta. *Há* outros homens ("Vem outro bonde daqui a dez minutos", dizia minha avó à minha mãe), e descrevo aqui alguns de meus favoritos.

O casamento virá na hora certa, se você escolher se casar. Não há pressa, e há muitos motivos – muitos príncipes – justamente para você *não* se apressar. Espero que este livro a tenha ajudado a diminuir o estresse. A pesquisa para ele foi muito divertida. Aproveite sua pesquisa também!

Grande abraço,
Rachel Safier